15 FÉVRIER 1839

SCÉNARIO

Du même auteur aux Éditions Stanké :

Octobre, 1994
La liberté n'est pas une marque de yogourt, 1995

Pierre Falardeau

15 FÉVRIER 1839

SCÉNARIO

Stanké

Données de catalogage avant publication (Canada)

Falardeau, Pierre. 1946-

15 février 1839

ISBN 2-7604-0548-6

I. Lorimier, François-Marie-Thomas-Chevalier de, 1803-1839. 2. Canada - Histoire - 1837-1838 (Rébellion). 3. Nationalistes - Québec (Province) - Biographies. I. Titre. Titre : Quinze février 1839.

FC2922.1.L67F34 1996 971.03'9''092 C96-941189-8
F1053.F34 1996

Conception graphique de la couverture : Standish Communications
Infographie : Tecni-Chrome

Les éditions internationales Alain Stanké bénéficient du soutien financier du Conseil des Arts du Canada pour leur programme de publication.

ISBN 2-7604-0548-6

Dépôt légal : Bibliothèque nationale du Québec, 1996

Les éditions internationales Alain Stanké
1212, rue Saint-Mathieu
Montréal (Québec) H3H 2H7
Tél. : (514) 935-7452
Téléc. : (514) 931-1627

IMPRIMÉ AU QUÉBEC (CANADA)

Dans la douleur de nos dépossessions.

Nous, les raqués de l'histoire.

Gaston Miron

Présentation des personnages

- **Marie-Thomas Chevalier De Lorimier :** 34 ans, notaire, marié et père de trois enfants. Un des chefs de la rébellion.
- **Henriette :** 32 ans, femme de De Lorimier.
- **Charles Hindelang :** 35 ans, militaire d'origine suisse. Il est protestant.
- **Guillaume Lévesque :** 19 ans, étudiant en droit, commis aux écritures.
- **Henri Brien :** 24 ans, étudiant.
- **François-Xavier Prieur :** 23 ans, marchand.
- **Jean Joseph Girouard :** 44 ans, notaire et député de Deux-Montagnes.
- **Curé Marier :** 50 ans, prêtre.
- **Osias Primeau :** 58 ans, cultivateur.
- **Alphonse Lécuyer :** 60 ans, cultivateur.
- **Jacques Yelle :** 40 ans, cultivateur.
- **Jean Yelle :** 42 ans, cultivateur.
- **Simon Payeur :** 35 ans, aubergiste.
- **Jean Baptiste Laberge :** 42 ans, cultivateur.
- **Jos Dumouchel :** 60 ans, cultivateur.
- **Lewis Harkin :** un Irlandais de Nicolet, 24 ans, cultivateur.
- **Rémi Narbonne :** 36 ans, huissier, manchot.
- **Amable Daunais :** 21 ans, cultivateur
- **François Nicolas :** 44 ans, instituteur.

Résumé

Au lendemain de l'insurrection de 1837, huit cents patriotes sont enfermés à la prison de Montréal. Parmi eux, une centaine de condamnés à mort. Au petit matin du 14 février 1839, Marie-Thomas De Lorimier et Charles Hindelang apprennent qu'ils seront pendus le lendemain. Le film raconte les vingt-quatre dernières heures des deux hommes, entourés de leurs compagnons. Leurs doutes, leurs peurs, leurs espoirs. Pris dans une mécanique sans pitié, ils affrontent la mort. C'est leur seule certitude. Comme dans la Passion, les deux hommes marchent au supplice et font face à leur destinée tragique.

Préface

Tout être qui jouit de quelque expérience humaine, qui a pris parti, à l'extrême, pour l'essentiel, au moins une fois dans sa vie, celui-là est enclin parfois à s'exprimer en termes empruntés à une consigne de légitime défense et de conservation. Sa diligence, sa méfiance se relâchent difficilement, même quand sa pudeur ou sa propre faiblesse lui font réprouver ce penchant déplaisant. Sait-on qu'au delà de sa crainte et de son souci cet être aspire pour son âme à d'indécentes vacances?

René Char

Ce livre est une monstruosité. Ni chair ni poisson. Ni littérature ni cinéma. Comme un fœtus dans un bocal. Un projet inachevé. Ce livre n'est pas une œuvre d'art mais l'ébauche d'une œuvre d'art. Un brouillon, un schéma, un plan. Le squelette de ce qui deviendra un film si on veut bien me laisser ajouter la chair des acteurs, y insuffler la vie du tournage, du montage et de la musique. Un jour peut-être. S'il me reste assez de force, de courage et de détermination. Un jour peut-être si les décideurs de «Téléfilmcanada» finissent par se décider malgré les menaces de représailles des petits politiciens fédéraux. On a le droit de rêver.

Ce livre est aussi un cri de protestation et de rage. Un geste de désespoir. Non. D'espoir. Le désespoir, c'est le silence des vaincus, le repliement sur soi, la mort à petit feu. On prend son trou. On accepte le verdict fixé d'avance en remerciant les juges. On ferme sa gueule. Vaut mieux serrer les dents, rentrer la tête dans les épaules, bander ses muscles. Et mettre tout simplement un pied devant l'autre. Un après l'autre. Le plus dur, c'est le premier. Après ça va. Ce livre est un pas. Pour essayer d'avancer. Pour arrêter de tourner en rond, de piétiner, de faire du sur-place. Ma façon à moi de me sentir un peu moins inutile. Ma façon à moi de partager le plaisir et la peine. Un grain de sable de plus dans l'engrenage bien huilé de la censure et de la bêtise officielle. Mais tout ce temps perdu pour rien. Toute cette énergie créatrice inemployée. Et qui ne reviendra jamais.

Il y a quelque chose de profondément indécent, je le sens, à protester contre la situation qu'on me fait. On m'empêche de tourner un film. On s'arrange pour me museler. Bon! Et après? En même temps on m'empêche aussi de travailler, de gagner ma vie honorablement, de faire vivre ma famille. Est-ce si grave? Qui suis-je au fond pour me plaindre? Pour qui je me prends? D'autres, des centaines de milliers de travailleurs québécois vivent la même chose. Des hommes, des femmes, des jeunes, des vieux à qui on refuse du travail. Même temps perdu. Même énergie créatrice gaspillée. Un cinéaste, pour moi, ne vaut pas plus qu'un mineur, qu'une femme de chambre ou qu'un menuisier. Chaque vie vaut une autre vie. Alors? Alors rien.

Je ne veux pas jouer à la victime. Je ne veux pas écrire pour me plaindre. Je réclame simplement le droit à la parole. Le droit de parler entre nous, de ce qui nous touche nous, collectivement, sans avoir chaque fois à demander la permission aux contremaîtres ou aux frères directeurs. Parler pour essayer de se comprendre, de nous comprendre. Parler au risque de se tromper. Au moins refuser le silence collectif couvert par le ronronnement débile et satisfait des insupportables animateurs de radio et de télévision.

Mais, au fait, de quoi s'agit-il? D'un scénario de film refusé par «Téléfilmcanada». Deux fois déjà. Je ne devrais pas m'énerver. J'ai l'habitude. C'est l'histoire de ma vie. Pendant une dizaine d'années on a refusé mon scénario sur *Octobre*. Pour tenir le coup, je me dis parfois qu'il me reste seulement sept, huit ou neuf ans à attendre. C'est simple.

Mais ce n'est pas si simple et je n'arrive pas à m'y habituer. J'aurai bientôt cinquante ans. Je n'ai plus beaucoup de temps à perdre. Pendant des années on a refusé mes projets à gauche et à droite sous prétexte que je n'avais pas fait mes preuves. Aujourd'hui j'ai derrière moi quatorze films, dix courts métrages et quatre longs métrages, mais rien n'a changé. On me parle toujours, dans les institutions, comme si j'étais un étudiant de première année en cinéma. Un enfant d'école. Je comprends mieux maintenant pourquoi je me suis toujours senti comme un robineux qui tète des trente sous au coin des rues. Ce n'est pas une paranoïa individuelle. On vous regarde réellement comme si vous étiez un quêteux. En plus on vous demande de faire la belle, de donner la papatte et de branler la queue. Pas étonnant que beaucoup d'artistes se soient mués en chiens couchants. Dans ces bureaux ça pue le mépris et la condescendance. Aucune chance de se prendre pour un autre, ni même pour soi-même. On demande pas des médailles ou à se faire lécher le cul, juste un minimum de respect. Ça me rappelle cette femme de ménage de Radio-Canada, dont je me suis inspiré pour la magicienne dans *Le Party*. Elle disait : « C'que j'prends pas, c'est pas l'exploitation, ça on s'y fait... c'que j'prends pas, c'est le mépris... on est comme ça, nous autres, les ouvriers. » « Un peu de respect... » disait mon ami Gaëtan Hart. « C'est ben important ça le respect. »

La création est un processus fragile. Très fragile. Dans mon cas du moins. La peur, chaque jour. On avance. On recule. On doute. Un jour, on est fier de soi. Le lendemain on se sent comme le dernier des minables. Et ça recommence interminablement. Peur d'ennuyer, peur de ne pas être à la hauteur, peur de se tromper, peur d'avoir l'air fou. Et pourtant on avance, un peu plus chaque jour, comme un explorateur, en se trompant, en revenant sur ses pas, en fonçant ailleurs, malgré la peur. Avec elle plutôt. Comme compagne.

Avec les acteurs par exemple, je crois qu'il s'agit d'abord et avant tout pour un réalisateur de faire attention à eux. Pas comme des enfants gâtés qu'il faut cajoler continuellement mais comme des êtres humains normaux. Il faut créer un climat de confiance, de plaisir de travailler. Il faut les rassurer avant le plongeon dans le vide, les encourager, les protéger. Tout cela n'empêche pas la critique, mais il y a la manière. Je ne crois pas qu'on obtienne plus en criant, en menaçant, en critiquant les moindres détails. On obtient moins. Pire, on paralyse les acteurs. Pareil pour les scénaristes. Les idées ne germent pas en tirant ou en poussant dessus. Psychologie 101 et gros bon sens.

Malgré toutes les difficultés, j'éprouve encore un grand plaisir à écrire des articles ou des scénarios de film. C'est beau comme travail, comme faire des meubles, de la sculpture ou de la tarte aux pommes. On se retrouve en bonne compagnie, avec des personnages merveilleux, grands, forts. On vit dans sa tête, à mille milles de la petitesse du quotidien. Petitesse des petits commentateurs, petitesse des petits politiciens, petitesse des petits marchands de bonheur en conserve. Mais parfois le cauchemar : la réalité vous rattrape. Bientôt il faudra affronter les décideurs. Quelle horreur !

Et le réel est toujours à la hauteur de vos pires cauchemars. Le musée des horreurs. La fosse aux chrétiens. Le tribunal de l'Inquisition. Le désir brusque d'abandonner le cinéma et de courir travailler chez Dairy Queen ou Yellow Shoes.

Ce qui me frappe avant tout chez ces gens-là, c'est leur assurance. Eux ils savent. Qu'ils aient écrit trois films ou tout au plus trois lignes de dialogue, ils savent. Ils ne croient pas que... Ils affirment. Ils ne pensent pas que... Ils déclarent. Ils ne conseillent pas... Ils ordonnent. Ils pontifient. Ils savent tout. Comédie, drame, tragédie. Ils savent ce qui va marcher, ce qui va se vendre, ce qui sera un chef-d'œuvre, ce que le public va aimer.

Je les connais bien ces gens-là. Et pourquoi? Parce que je suis exactement comme eux. Je ne ferais probablement pas beaucoup mieux. Ni beaucoup pire. Mais pour l'instant je suis au banc des accusés, pas sur celui des juges. Voici l'acte d'accusation.

«Ton film manque de rebondissements.» Oui, je sais. C'est moi qui l'ai écrit, figurez-vous. Il n'y a pas de rebondissements tout simplement parce que je n'ai pas mis de rebondissements. Dans ce film je cherche autre chose. De Lorimier est condamné à mort. Dans vingt-quatre heures, il va mourir. Et il sait exactement que rien ni personne ne viendra le sauver. Ni la fée des étoiles avec sa baguette, ni le héros blond et bronzé avec son hélicoptère, ni les sept nains avec Bambi. Mon film est construit comme une voie ferrée. Un train roule à cent milles à l'heure et au bout des rails il y a un mur de ciment. Et ça ne rebondit pas, le ciment.

«Falardeau, la politique t'aveugle... La politique est en train de prendre le dessus sur l'art, sur la dramaturgie.» Peut-être. Mais j'espère que non. Par contre je sais une chose. Je n'ai jamais cru à l'art pour l'art, à l'art au-dessus du réel, au-dessus des luttes politiques, en dehors de la société et de ses conflits. Je ne veux pas non plus me cacher derrière le politique. Un mauvais film reste un mauvais film, aussi juste soit-il politiquement. Je sais également que tout est politique et encore plus l'art qui se prétend absolument a-politique. La politique a-t-elle aveuglé Picasso pendant qu'il peignait *Gernika* (comme disent les Basques)? La politique a-t-elle aveuglé Camus quand il écrivait à *Combat*? La politique a-t-elle aveuglé le Tchaïkovski de *1812*? Et Beethoven et Theodorakis et Miron et Orwell et Solanas? Loin de moi l'idée de me cacher derrière ces grands hommes, mais ils nous prouvent que l'art n'est pas l'antithèse de la politique. La vie et l'œuvre de Pablo Casals en témoignent. De toute façon, ce qui m'intéresse avant tout, ce n'est pas la politique mais la vie. L'aventure humaine dans sa beauté comme dans sa brutalité. Et jusqu'à preuve du contraire la politique, comme l'amour, comme la guerre, comme la mort, fait toujours partie de la vie.

« Ton film n'est pas assez explicitement politique. On ne comprend pas bien les enjeux politiques, ni le contexte de l'époque. » Si je comprends bien, on me reproche d'être trop politique et pas assez politique à la fois. Le coup du contexte politique, on me l'a déjà fait mille fois à propos d'*Octobre*. Je comprends très bien. Je ne suis pas complètement idiot. Mais je ne suis toujours pas d'accord. Mon but n'est pas de faire du documentaire politique mais de faire naître une émotion qui va au delà du politique. La pseudo-démocratie du Bas-Canada, le conseil exécutif, l'assemblé législative, la clique du Château, les mandements de Monseigneur Lartigue, on se torche avec. J'essaie de faire une œuvre qui pèse son poids de sueur et de sang, pas du téléroman historique pour Télé-Québec ou des capsules du patrimoine du tandem Scully-Bronfman. On ne va pas demander à chaque œuvre de réécrire un résumé de l'Histoire. Il y a des bibliothèques pleines de livres extraordinaires sur le sujet. Je sais, je les ai lus. Mais je n'ai pas besoin du contexte de l'époque pour pleurer devant les *Bourgeois de Calais* de Rodin. Je n'ai pas besoin de me faire raconter un résumé de la guerre de Cent ans pour comprendre. Tout ce qu'il faut savoir, c'est que ces hommes sont des otages et qu'ils marchent vers l'échafaud pour sauver leur ville. Si j'écoute *Canto general* mis en musique par Theodorakis, je n'ai pas besoin du contexte politique du Chili de Pablo Neruda. Chaque fois je ressens une émotion violente devant *La Vieille Femme* de Rembrandt; pourtant j'ignore tout du contexte socio-politique de la Hollande de l'époque. Au delà des détails particuliers, l'histoire de l'humanité est la même partout, toujours. Je ne nie pas la valeur de la télévision éducative, mais le cinéma que je veux faire tient plus de la peinture, de la musique ou de la sculpture que de la série à caractère historique ou du *quizz* pour étudiants boutonneux.

« Le problème, c'est que ton héros est beaucoup trop héroïque. » Et dire que certains déprimaient parce que les felquistes d'*Octobre* n'étaient pas assez héroïques. Trop ti-clins, pas assez blonds sans doute, ni assez bronzés, ni assez souriants aux dents blanches style pub de suppositoires, ni assez gonflés des biceps et des pectoraux comme les *beach boys* du cinéma américain. J'ai dû me laisser influencer inconsciemment. Voilà ce que c'est que d'écouter les commentaires de Pierre, Jean, Jacques. Comme un chien fou on court après sa queue. J'ai dû me tromper. Moi qui croyais aimer De Lorimier parce que c'était un héros à hauteur d'homme. Moi qui croyais avec quelques autres que les héros ne sont pas des hommes ou des femmes extraordinaires mais des hommes et des femmes ordinaires placés dans des circonstances extraordinaires. Moi qui croyais, comme les vieux Espagnols, que la bravoure était affaire de circonstances. « Un tel a été brave... tel jour », qu'ils disaient.

Mais voilà que je me suis trompé. Trop héroïque ! Je vais réécrire l'Histoire pour faire de De Lorimier un personnage d'homme plus conforme à notre tradition littéraire et cinématographique : un absent, une mitaine, une grosse plorine, un perdu, un ti-coune, un ti-casse, une lavette, un Amable Beauchemin, une carpette, un pas de gosses, un flanc-mou, une moumoune, un colonisé jusqu'au trognon. Comme si le courage, la grandeur d'âme, la force de caractère nous étaient des valeurs étrangères. À moins que le problème ne soit ailleurs? Dans le cerveau des artistes qu'on met de l'avant et dans celui de ceux qui mettent de l'avant ces mêmes artistes?

«De toute façon, on n'a pas d'argent.» Enfin une bonne raison, un argument valable. Si c'est effectivemet le cas, je retire mon projet sur-le-champ, j'abandonne sans problème le long métrage de fiction. Je ferai autre chose tout simplement : des pamphlets, du théâtre, des graffitis. Sauf que... De l'argent il y en a pour un tel et un tel et un tel et un autre tel. Alors! Y en a ou y en n'a pas? Si y en, a dites-le, si y en n'a pas, dites-le aussi. On s'ajustera. J'ai toujours essayé de tourner des films «pas chers» ou «pas trop chers» en développant l'idée de huis-clos. Pour l'instant je ne me sens pas plus bête que les autres tels, même si j'ai autant de plaisir à faire des courts métrages en vidéo.

«Pas assez commercial.» Évidemment, si on ne peut produire maintenant qu'un cinéma de farces «plates» qui rapporte un million au guichet ou un cinéma dit d'auteur qui quitte l'affiche après une semaine, je suis cuit. Classé trop commercial par les uns, étiqueté trop intellectuel par les autres, je persiste à signer uniquement les films qui me tiennent à cœur. Et je sais que ça va marcher. Qu'est-ce que je vous disais? Non. Je pense que... je crois que... j'espère que... Comme tous les films que j'ai faits. Aucun désastre jusqu'ici. Tous mes films ont bien marché. Du cinéma populaire. Et populaire ne veut pas dire épais. Ça vient de peuple.

« Tu devrais développer un peu plus les troisièmes rôles... ce serait très intéressant. » Oui, je sais. Mais alors ça devient des personnages secondaires, des deuxièmes rôles ou encore des personnages principaux. Je ne les ai pas développés justement parce que ce sont des troisièmes rôles, des personnages d'arrière-fond. C'est De Lorimier qui m'intéresse, pas le gardien qui ouvre la porte. On pourrait faire tout un film, une série même sur les gardiens ou les bonnes sœurs qui passent la soupe. Pour l'instant je préfère Charles Hindelang. C'est très arbitraire, mais c'est comme ça.

« Y a des longueurs dans le scénario. Le début est extraordinaire. La fin aussi. Mais au milieu on s'ennuie à mourir. » Il y a sûrement des longueurs. Comme il y a aussi sûrement des choses qu'il faudra rallonger. Mais pourquoi vouloir juger le scénario comme l'œuvre finale ? On ne fait pas un film avec du papier, mais avec de la pellicule. Parfois, ce qui marche merveilleusement bien sur le papier ne tient pas le coup à l'écran. Et vice versa. À moins que ce ne soit l'inverse. J'ai vécu l'expérience mille fois. Le scénario n'est qu'une étape d'un très long processus : répétitions avec les acteurs, tournage, montage, mixage, étalonnage, etc. Jamais je ne nierai l'importance du scénario, mais c'est un point de départ, pas un point d'arrivée. C'est un guide pour tenter aussi des expériences, pas seulement pour affirmer des certitudes. S'il y a des longueurs, on finira bien par les découvrir en chemin. Et, rassurez-vous, il n'y aura ni morts ni blessés, seulement quelques pieds de pellicule de plus dans les poubelles. Pour ce qui est du « milieu où on s'ennuie à mourir », je me demande si Bresson pourrait refaire aujourd'hui *Un condamné à mort s'est échappé* avec l'argent de « Téléfilmcanada ». Là non plus il ne se passe rien. Et c'est ce rien justement qui m'intéresse chez Bresson et dans le cinéma en général. Le « rien » de cette petite bouteille qui circule de cellule en cellule dans *Le Party*, tirée par une ficelle. Le rien du boxeur, assis dans le vestiaire, avant le combat dans *Le Steak*. Le « rien » de Pierre Laporte jouant avec son spaghetti dans *Octobre*. J'adore ce « pas grand-chose », ce « presque rien » dans la séquence d'ouverture de *Fat City* de John Huston. Si on veut créer une montée dramatique efficace, il faut partir de loin, de « presque rien ». On ne peut quand même pas garder le spectateur en larmes de la quinzième à la quatre-vingt-dixième minute. En musique par exemple, la force du coup de tonnerre est proportionnelle au silence qui le précède. Ça ne donne rien de piocher ou de tapocher comme un malade pendant des heures.

« En fait, ton scénario n'est pas si mauvais. Mais si on le compare à tout ce que l'on a reçu, il ne tient pas la route. Cette année on a tellement de bons projets. » Argument massue, sans faille. Je suis bouche bée, les bras ballant le long du corps, les gosses pendouillant jusqu'à terre. Bon ! J'ai hâte à l'année prochaine pour voir tous ces chefs-d'œuvre sur nos écrans... Comme cette année, comme l'année dernière ou l'autre avant. Y a tellement de chefs-d'œuvre, va falloir rallonger les journées pour tout voir.

« T'a jamais pensé travailler avec un scénariste... Prends pas ça mal mais avec un vrai écrivain... j'veux dire... un spécialiste. » Et bang!... dans l'ego. Leçon d'humilité numéro un. Aucun danger de s'enfler la tête. Pas de problème pour passer dans les cadres de porte. Si ces bonnes âmes avaient travaillé par exemple en peinture au siècle dernier, les musées seraient maintenant remplis à ras bord. De la peinture collective. On aurait mis Delacroix pour faire les croquis, Cézanne pour faire le dessin, Van Gogh pour colorier le tout, Manet ou Monet pour rajouter des petites fleurs ici et là, Renoir pour mettre un peu de cul, histoire d'attirer les acheteurs. De la peinture de techniciens par des spécialistes du marketing. Le salopard à Disney est né trop tard. Il a préféré se faire congeler comme une dinde.

Soyons sérieux. Moi, je veux bien travailler avec un scénariste, mais le problème c'est avec qui et pour quoi faire. Où sont-ils donc vos grands scénaristes? Donnez-nous des noms sans rire. Où sont-elles donc les œuvres inoubliables de nos grands créateurs d'histoires et de personnages? Il y a bien sûr quantité de spécialistes du remplissage, de ramancheurs de clichés, de patenteux de scénarios, de bricoleurs d'histoires à dormir debout, de bizouneux qui cousent avec du fil blanc. Mais les écriveurs poids lourds et même mi-lourds, je les cherche encore. C'est beau les techniciens. C'est bien la technique. Mais je cherche autre chose. L'âme, le feu, la passion. C'est plus dur à trouver. Et plus dur à marketer. Et tu peux pas vendre ensuite les ti-bonhommes en plastique chez Burger King. Quant à ceux que j'admire, je me contente de les admirer. Eux ils sont eux, et moi je suis moi. Avec mes qualités et avec mes défauts.

«Ah oui! Falardeau, toujours aussi subtil... avec ses gros sabots y veut nous faire passer des... p'tits messages.» Je ne me rappelle pas très bien qui a dit qu'en art il fallait cultiver ses défauts, surtout ses défauts. Mais dans un cinéma qui en général ne cherche qu'à faire cinéma, c'est-à-dire à amuser et à faire joli, on a l'air de passer des messages si on essaie de parler de quelque chose. Comme pour la subtilité. La plupart des films sont d'ailleurs tellement gros ou tellement subtils que dans les deux cas on se demande de quoi ça parle.

«Pour terminer... ton principal problème... c'est que t'écoutes pas.» Oui j'écoute, mais je ne crois pas à un film réalisé par deux cent cinquante personnes dont la femme de ménage de Truffaut. Je ne crois pas non plus à un orchestre symphonique dirigé par son conseil d'administration.

J'arrête là. Comme dirait mon ami Gaëtan Hart, je commence à en avoir «ras-la-bol» de toujours être obligé de tout justifier année après année, chaque mot, chaque point, chaque virgule. J'en ai plein le cul de me faire parler de la psychologie des personnages, moi qui déteste le psychologisme bourgeois. Je crois plutôt à la pychologie de la situation, à la psychologie de l'action. Je me sens comme un moine tibétain qui radote avec son moulin à prières. J'ai l'impression de réécrire le même papier depuis vingt-cinq ans, de répéter les mêmes évidences grossières en réponse aux mêmes remarques absurdes. Je suis là à me répandre sur le papier, à exposer mes états d'âme, à arroser mon projet de mes larmes de martyr comme Solange Chaput-Rolland pleurnichant sur l'épaule de ses lecteurs, deux ou trois fois par année, depuis bientôt un demi-siècle. Solange Chaput-Rolland ! Quelle horreur !

Après tant d'années, j'avais espéré pouvoir consacrer toutes mes énergies à faire des films, tout simplement, et non à me répandre inutilement en luttes stériles. J'avais espéré pouvoir consacrer toutes mes énergies à me battre contre moi-même et la matière filmique qui refuse chaque fois de plier. Mais non ! Faut croire que je suis condamné à rouler cette saloperie de pierre jusqu'au sommet année après année. J'avais rêvé.

J'avais rêvé, comme chaque être humain sans doute, au repos et aux médailles. J'avais rêvé et je me bute encore une fois au refus. Défaite, échec, faillite. Après quelques jours de déprime, je me cherche des raisons pour survivre. Au moins j'aurai le temps d'aller à la chasse, cet automne. Puisqu'on ne veut pas me laisser travailler, au moins j'aurai le temps de jouer avec mes enfants et de les regarder vieillir. C'est pas mal. Au moins je ne suis pas devenu un des cinéastes officiels du régime. Ça me rassure. Un retour à la case départ, comme à vingt ans.

Mais bout de tabarnak, de saint-chrême, de bâtard, de calvaire, de crisse ! C'est donc ben compliqué d'essayer de se parler entre nous, de ce qui nous intéresse, dans c'te ciboire de pays plein de marde avec sa reine, sa queue de castor, son francofun de service, pis sa police montée. Ça va-tu finir par finir, un jour, toutes ces niaiseries ? On va-tu finir par en sortir ?

Je repense à ce petit trou de cul de sénateur, bien royaliste, bien grec, bien fédéraliste, bien libéral et bien payé qui avait perdu les pédales à l'époque d'*Octobre*. Je repense à ses crises, à ses sparages dans les feuilles de chou du genre *Gazette* et *La Presse*. On a beau trouver ça comique et se taper sur les cuisses, je ne suis pas sûr que ces menaces à peine voilées ne laissent pas de traces dans la conscience ou du moins dans l'inconscient des fonctionnaires. Ces rappels à l'orthodoxie fédéralo-bonnententiste viennent rafraîchir les mémoires des moins croyants. Ces rappels à l'ordre forcent chacun à serrer les rangs et à serrer les fesses. La kulture au service de l'État canadien. *Canada I love you, ou, ou, ou...*

Comme cet autre unilingue et insignifiant député libéral, que je me rappelle même plus le nom de, qui devant un quelconque tribunal de la culture, au parlement canadien, semonçait le grand boss de «Téléfilmcanada» pour *Octobre*. Il avouait innocemment ne pas avoir vu cette cochonnerie séparatisse, mais il tapait fort sur la table. On ne remerciera jamais assez ces bons apôtres, style Mordecai Richler, de dire tout haut ce qui se dit normalement tout bas dans ces bureaux contrôlés d'Ottawa. Par suite de leurs brillantes interventions, il n'y aura plus que certains illuminés ou certains éditorialistes entretenus à essayer de nous faire coller leur fameuse théorie du «arm's lenght» d'inspiration britannico-hypocrite. De la science-fiction. Comme leur «bras canadien». Le «*arm's lenght*», c'est tout simplement du tordage de bras. La carotte et les gros bras. Dans ce système de pensée sous surveillance, façon Vichy, il n'y aura plus de place que pour la propagande subtile de Sheila Copps ou, à défaut, que pour un art ultra-petté, ultra-flyé, ultra-rien du tout qu'on enferme dans les boules à mites des musées, de façon à ne déranger rien ni personne. Et la bourgeoisie canadienne du temps des bouffons en mouillera ses p'tites culottes de plaisir en se prenant pour une avant-garde artistique.

Ainsi, j'ai appris, par la bande, que la direction de Radio-Canada à Ottawa n'aimait pas beaucoup la période historique de 37-38. Grande nouvelle! J'avoue pourtant ne pas comprendre pourquoi. Juste à côté, au Musée de la guerre, toujours à Ottawa, on traite pourtant sans problème de cette période de «notre histoire». Là-bas, ceux que nous appelons les patriotes ont droit à leur vitrine. Sauf que « là-bas » leur nom a changé. Là-bas, ce ne sont plus des patriotes mais des rebelles, des traîtres, des ennemis. Juste à côté encore, au ministère de la Défense nationale, on traite sans problème de cette période historique dans les publications spécialisées : la répression de Colborne porte le joli nom de « pacification » ou « opération de paix ». Donc ce qui manifestement fait problème « là-bas », ce n'est pas la période historique ni les faits parfaitement vérifiables mais le point de vue, le côté choisi. À partir de là il convient d'éviter non pas telle ou telle période historique, mais toute l'Histoire, tout le réel. Vaut mieux, pour assurer sa pitance, s'en tenir à un cinéma teinté de psychologisme individuel et bourgeois ou sombrer dans le comique absurde le plus inoffensif. Rire à en mourir.

Pour d'autres ce serait plutôt la situation politique actuelle qui nous interdirait de traiter de cette période. Mais qu'a-t-elle donc cette situation politique actuelle sinon d'être actuelle depuis toujours ? Le problème ne date pas d'aujourd'hui, ni d'hier, ni d'avant-hier. Le temps du bâillon dure depuis deux cent trente-six ans. Depuis toujours, ce n'est pas le moment. C'est jamais le moment. Alors ! Alors, arrêtez de nous prendre pour des valises avec ces pseudo-explications post, pré, ou anté-référendaires.

Si je m'intéresse à cette histoire en particulier, c'est d'abord et avant tout parce que c'est une belle histoire. Point. Tout simplement parce qu'à l'âge de quinze ans j'avais les larmes aux yeux en lisant le testament de De Lorimier. Tout simplement parce que trente-cinq ans plus tard, à cinquante ans, j'ai encore les larmes aux yeux en écrivant ce scénario ou en rêvant au film. Me semble que c'est pas compliqué. Pourquoi «têter» sur les détails? Aucun argument n'arrivera à me faire changer d'idée. La boule que j'ai à l'estomac, le motton dans la gorge, les bouffées d'émotion me disent que j'ai raison. C'est final et sans appel.

J'ai rêvé, je rêve encore ce film. Avec Luc Picard dans le rôle de De Lorimier et avec Sylvie Drapeau dans le rôle de sa femme Henriette. Quand je les rencontre, parfois par hasard, je les regarde à la dérobée et je me surprends à rêver encore. Sans le vouloir. J'imagine un gros plan avec Luc et je pars. Son visage fait d'un mélange de force et de fragilité. Ses yeux de juste où on lit une pointe d'angoisse. Ce côté «pas sûr de lui» que j'aime bien chez les gens. Tout cela qui fait un héros à hauteur d'homme et non un ridicule héros américain de bande dessinée. Je l'imagine avec Sylvie en train de jouer. Non. En train de revivre le calvaire de De Lorimier et d'Henriette. Leur Passion. Et moi premier spectateur de la beauté de leurs gestes, de leurs regards, de leurs étreintes. J'en ai des frissons. J'imagine aussi le beau visage de Sylvie sur un écran. Ses yeux apeurés, ses larmes, cette rage de vivre. Toute la misère du monde sur un seul visage.

Et soudain j'arrête de rêver. Parce que ça fait trop mal quand tu te réveilles. Faire un film, c'est faire l'amour à la plus belle femme du monde, sa femme. Mais je refuse de bander dans le vide. Alors je me retiens, je me refuse à bander de peur que «Téléfilmcanada» ne me dise que cette femme est laide, qu'en réalité il n'y a pas de femme du tout.

En fait j'économise mes forces. Comme un marathonien ou un alpiniste à la conquête de l'Aconcagua. Parce que je sais que j'aurai besoin de toutes mes énergies pour me rendre au bout, pour atteindre le sommet un jour. Demain peut-être. Ou après-demain. Ou dans quinze ans. Un jour en tout cas. Ce scénario que j'ai travaillé, dans le plus grand plaisir, avec deux hommes que j'admire profondément, Gaston Miron et Paul Buissonneau, j'en ferai un film. Et ce film je le ferai avec ceux que j'aime. Alain Dostie à la caméra et Serge Beauchemin au son. Avec Jean-Baptiste Tard à la direction artistique. Avec Michel Arcand au montage. Avec Richard Grégoire à la musique, s'il veut bien encore de moi. Avec la p'tite Payeur à la production. Et avec tous les autres. Exploitons nos richesses naturelles. Et notre richesse, ce sont nos cerveaux.

Enfin, pour moi le juge ultime de toute œuvre d'art, c'est le peuple. C'est lui qui fait qu'un auteur existe ou non. C'est lui qui fait qu'une œuvre existe ou n'existe pas. Téléfilm Canada, Tour de la Banque Nationale, 600, rue De La Gauchetière

Ouest, 14e étage, Montréal, Québec, H3B 4L8. Pour le téléphone, c'est le 283-6363. Le télécopieur : 283-8212. Vous pouvez les féliciter ou les engueuler. Libre à vous.

Là-dedans, il n'y a ni cadeau ni don de charité, seulement de l'argent qui nous appartient, de l'argent volé dans nos poches par le biais de l'impôt et des taxes. Alors, pourquoi c'est interdit de parler entre nous de ce qui nous intéresse ? Pourquoi c'est interdit de parler de nous-mêmes ? À nous-mêmes et aux autres ? À tous les autres ?

Pierre Falardeau
Le 28 juillet 96

[...] il n'existe pas deux sortes d'histoire ; je n'en connais qu'une : l'histoire objective, véridique. Et, pour ma part, à quelques messieurs de l'université (aujourd'hui disparus) qui voulaient me forcer à écrire de l'Histoire officielle et qui me donnaient à choisir entre ma chaire d'université et ma liberté, j'ai dit, dans le temps, que je choisirais ma liberté. L'Histoire, instrument de propagande – ou l'Histoire officielle, ce qui revient au même – c'est la négation même de l'Histoire. Je ne connais que l'Histoire qui dit, non pas ce qui aurait pu être, mais ce qui a été, rien que ce qui a été, mais tout ce qui a été ; l'histoire qui dit bien ce qui est bien, qui dit mal ce qui est mal ; qui tient compte, assurément, des idées de chaque

époque, de l'ambiance des personnes et des faits voire des aspects accidentels de la morale, mais qui ne se connaît pas le droit d'altérer en rien la vérité, encore moins de tout absoudre, parce qu'il y aurait la morale des vainqueurs et des forts, la morale des amoraux et la morale des immoraux. [...] Elle ne ferait pas l'affaire, je le veux bien, des politiciens, entrepreneurs d'union nationale à tout prix, non plus que des partisans plus ou moins conscients du melting-pot*; elle aurait l'innapréciable avantage de ne pas enseigner le mensonge et de ne pas saboter le passé.*

Lionel Groulx
Le 29 novembre 1943

Prologue

Dans une cour de ferme la nuit, un détachement de soldats expulse une famille de sa maison. Puis y met le feu. À la lueur des torches, on sort les animaux de l'étable. Deux soldats sortent un cochon par les oreilles. Les hurlements du cochon se mêlent aux rires des soldats. Une vache meugle au bout de sa corde. On l'abat d'un coup de hache en plein front. Puis on dépèce la bête à la lueur de l'incendie. La neige est rouge. D'autres soldats vident le poulailler à coups de pied au milieu des volées de plumes. On court après les poules en hurlant, pendant que d'autres soldats traversent la cour avec des poches de patates, de carottes ou de navets. Les officiers suivent le spectacle avec attention. Comme la femme en pleurs entourée de ses enfants.

Voix off

Après la conquête de 1760 et l'occupation du pays par l'armée britannique, l'Angleterre installe un système d'exploitation féroce, comme elle l'a fait en Afrique, en Asie, en Amérique latine. Le peuple organise la résistance passive.

En 1791, menacés par l'indépendance américaine et la Révolution française, les colonialistes anglais doivent jeter du lest. C'est le «Quebec Act». Un système parlementaire truqué tente de masquer l'oppression coloniale.

Après quelques années, les députés patriotes finissent par contrôler l'assemblée mais l'exécutif reste entre les mains d'une aristocratie étrangère, créée de toutes pièces: la «clique du château». Après quarante années de lutte pour les libertés démocratiques, les colonialistes décident de reprendre le pays bien en main par la force.

L'occupant dissout l'assemblée, met à prix la tête des députés et pousse les patriotes à la rébellion armée. Mal préparés, mal entraînés, armés de fourches, de haches et de quelques fusils, ils affrontent la première armée du monde, commandée par Sir John Colborne, un vétéran des guerres napoléoniennes.

Après une première victoire patriote, à Saint-Denis en 1837, la rébellion est écrasée dans le sang à Saint-Charles, Saint-Eustache, Lacolle, Odelltown. Plus d'une centaine de patriotes tombent, les armes à la main. Pendant deux ans, Colborne, devenu Lord SEATON, à la tête de huit mille soldats et volontaires anglais, pille les maisons, brûle les fermes, rase les villages. Les patriotes l'appellent Lord SATAN. Les prisons sont pleines. L'ordre anglais règne sans partage.

Séquence 1

À la lumière de deux lanternes, une sentinelle anglaise, fusil sur l'épaule, fait les cent pas devant la porte de la prison de Montréal. Au-dessus de la porte, on a construit une passerelle en bois pour les exécutions. Il neige. Une «sleigh» tirée par deux chevaux approche de la prison.

Sentinelle

Halt. Who gœs there?

La «sleigh» recouverte d'une bâche grossière s'immobilise devant la porte.

Le conducteur

Les cercueils.

Sentinelle

What?

Le conducteur

J'amène les cercueils... Euh!... Euh!... *Coffin.*

La sentinelle ne comprend rien manifestement. Le conducteur se reprend avec de grands gestes.

Le conducteur

Coffin... Euh!... Euh! *Coffins.*

Sentinelle

Do you have your papers?

Le conducteur

J'comprends pas.

Sentinelle

Papers? You dummy.

Le conducteur tend son laissez-passer au soldat anglais. L'Anglais jette un coup d'œil aux papiers puis se dirige vers l'arrière, pour inspecter le chargement.

À l'avant, le fils du conducteur, un enfant de douze ans, lève les yeux sur l'échafaud.

L'enfant

C'est là qu'y pendent les patriotes?

Le conducteur se contente de hocher la tête. L'enfant regarde intensément la passerelle de bois.

L'enfant

C'est là qu'y ont pendu Cardinal... pis Duquet?

Le conducteur hoche la tête de nouveau, sans regarder.

L'enfant

Raconte moé... p'pa.

Le conducteur fait non de la tête, les yeux humides. Très faiblement :

Le conducteur

Chu pas capable...

L'enfant

P'pa... j'veux qu'tu m'racontes.

Le conducteur

Chu pas capable... Ch'te dis... chu pas capable...

L'enfant

Y faut... y faut qu'tu m'racontes.

Le conducteur s'essuie les yeux, renifle un bon coup et lève la tête vers l'échafaud.

Le conducteur

C'pour Duquet qu'ça été l'pire... Quand la trappe s'est ouverte... j'sais pas comment ça se fait... la corde était p't'être mal placée... Y est allé r'voler sur la solive que tu vois là... Y avait toute la face en sang... y était pas mort... y s'balancait... au bout d'sa corde... d'un bord pis de l'autre...

La sentinelle anglaise revient et lui remet son laissez-passer.

La sentinelle

Okay... everything seems to be in order.

Le soldat crie aux gardes.

La sentinelle

McGee!... Open the doors.

La porte s'ouvre. La «sleigh» repart.

Le conducteur

Marche, Ti-gars, marche.

On passe sous l'échafaud. On franchit la porte. L'enfant regarde tout ça, très intensément.

Le conducteur

Pis là... y a l'officier anglais qui s'est mis à gueuler... Le bourreau a pogné la corde... pis y a r'monté Duquet... par le cou.

Il s'arrête un court moment.

Le conducteur

Y l'ont pendu une deuxième fois...

Il renifle un coup. La porte se referme derrière eux.

Le cou tordu, l'enfant continue à fixer l'échafaud. Puis il découvre la prison.

L'enfant

Combien s'qu'y sont en prison?

Le conducteur

À peu près huit cents...

L'enfant

Pis... des condamnés à mort ?

Le conducteur

Y en ont pendu sept... y en reste quatre-vingt-treize...

L'enfant se retourne de nouveau vers l'échafaud.

Séquence 2

Au petit jour, une cellule de la prison de Montréal. Le mur du fond est en pierre, les trois autres murs sont en brique. En hauteur, la cellule fait douze pieds. En longueur, huit pieds, en largeur, cinq pieds et demi. Une porte en bois, renforcée de fer, de cinq pieds sur deux, ferme la place. À neuf pieds sur le mur du fond, une fenêtre fermée par des barreaux. Sur l'autre mur, au-dessus de la porte, à neuf pieds également, une grille qui assure le chauffage et la circulation de l'air.

Dans la cellule, ni chaise, ni banc, ni table. Deux hommes dorment. Sur une paillasse, le docteur Brien ronfle. Par terre, sur le plancher de chêne, enveloppé dans son manteau, Marie-Thomas Chevalier De Lorimier dort d'un sommeil agité. On est en février, on gèle dans la cellule. Les deux hommes sont très sales.

De Lorimier se réveille en sursaut, apeuré. Il regarde autour de lui. Il est en prison. Il se recouche, congelé, en remontant son manteau du mieux qu'il peut. Il se gratte, attrape une punaise et l'écrase. Saloperie! Tiens, une autre.

Brien est plus chanceux avec sa paillasse, sa couverture de laine et son couvre-pieds. On gèle, et le jour qui tarde à se lever.

Séquence 3

Nous sommes au petit jour, dans une cellule exactement semblable à la précédente. Deux hommes sont couchés directement sur le plancher, enveloppés dans leurs manteaux: Charles Hindelang et Guillaume Lévesque.

Hindelang se lève pour pisser dans un seau. Ça réveille Lévesque. Moqueur:

Lévesque

Tu pisses donc ben fort... le Français.

Hindelang

Ah ! mon vieux... j'ai une de ces envies qui tiendrait pas dans le casque à Colborne.

Ça fait rire Lévesque.

Lévesque

Ah oui... des fois je pense que pisser, c'est encore mieux que de se mettre.

Les deux hommes rigolent. Hindelang force pour pisser encore plus fort.

Hindelang

Faut faire ça vite pour pas se geler la cornemuse.

Hindelang remballe son artillerie. Puis se met à sautiller sur place pour se réchauffer.

Lévesque

Pour moé... Au lieu de nous pendre... les *goddam*... y ont décidé de nous faire mourir g'lés... C'est vrai qu'eux autres, d'abord que ça leur coûte moins cher !

Hindelang

Non, mais... tu pourrais arrêter de t'plaindre un

peu... T'es logé, nourri, blanchi... Tu peux apprendre l'anglais...

Lévesque

Fais-moé pas enrager à matin... toé... Les seuls mots qu'j'ai appris depuis qu'chu icitte c'est *goddam*, *shit* pis... *hungry*.

Il se met à hurler en rigolant.

Lévesque

On est *hungry* maudite marde... *Hey* ! les *goddam*, on a faim, comprenez-vous ça ?

Hindelang casse la glace qui s'est faite durant la nuit à la surface d'un grand bol. Il se lave très rapidement. Très sommairement, juste pour dire.

Séquence 4

Dans la cellule de De Lorimier, Brien se chauffe les doigts à la flamme de la bougie. Il les porte ensuite à sa bouche pour souffler dessus. De Lorimier, lui, marche de long en large pour se réchauffer.

Brien

Pourquoi qu'on continue ?

De Lorimier

Parce que...

Brien

Mais ça donne plus rien... On a perdu... Tu comprends... on a perdu... C'est fini... Faut s'faire à l'idée... Pourquoi qu'tu t'acharnes...

De Lorimier

Parce que...

Brien

Parce que... Parce que... Parce que... quoi?

De Lorimier

Parce que...

Il cherche.

De Lorimier

Parce que... J'suis en vie... Et tant que j'vais être en vie... j'vais m'battre... J'sais pas si j'vais gagner... mais j'sais une chose par exemple... J'vais m'battre...

Brien

Mais réveille-toi... t'es tout seul... Le peuple veut pas suivre... y aime mieux rester assis dans sa marde... Y ont peur de perdre les miettes qu'les Anglais leur laissent...

De Lorimier

Les autres? Les autres? On va pas justifier notre propre lâcheté par la lâcheté des autres. Moi, l'indépendance, j'la veux... Ça m'suffit.

Brien

Mais toi, tu doutes jamais...

De Lorimier

Tous les matins...

Tous les matins depuis que j'suis en prison... en m'réveillant... j'me d'mande comment j'vais faire pour me rendre au soir... mais si on s'écrase là... Ça va être pire... On va s'faire passer sur l'corps...

Si on veut survivre... faut continuer à s'battre... s'battre pour une gorgée d'eau... s'battre pour une bouchée de pain... pour la moindre p'tite chose... S'battre tous les jours... tout le temps... parce qu'on n'a pas l'choix...

Brien

Moi, j'en peux plus...

De Lorimier

Faut résister... c'est notre seule chance...

Séquence 5

De la cellule de Hindelang, on entend un grand remue-ménage. Des bruits de clés. Des portes qu'on ouvre. Des ordres gueulés en anglais.

La porte de la cellule de Hindelang s'ouvre. C'est le soldat McDonald. Il fait son travail sans haine particulière. Par contre, dans le corridor, on entend l'autre soldat anglais gueuler des insultes.

Joseph, un jeune débile, fait la distribution. Il remet à Lévesque le pain réglementaire de une livre et demie et un gobelet de thé brûlant. Même chose à Hindelang.

Lévesque

Quand est-ce qu'y vont nous donner des couvartes pis des paillasses?

Joseph

Ch'sais pas, moé...

Lévesque

Les droits communs, eux autres... y ont toute une paillasse... pis deux couvartes. Nous autres, y nous traitent comme des chiens.

Joseph

Moé, j'fais c'qu'on me dit de faire.

Hindelang sort quelques sous de sa poche.

Hindelang

Oublie pas mes chandelles... Des grosses... Pas des chandelles de sœurs.

Soupesant son pain :

Lévesque

Y pèse pas une livre et d'mie certain, c'te pain là...

Hindelang

Arrête de râler... faut bien que McGill s'remplisse les poches quelque part.

Dans le corridor, l'officier anglais gueule de nouveau. « C'est assez. Fermez la porte. Au suivant. » McDonald s'exécute.

Lévesque mange.

Lévesque

Même pas de beurre...

Hindelang le regarde en rigolant en coin.

Lévesque

C'est comme manger du bran de scie...

Hindelang

Chez nous on appelle ça de l'étouffe-chrétien.

L'air rêveur.

Lévesque

Tu vas voir quand on va r'tourner chez nous... On va s'en mettre du beurre su notre pain... du bon beurre frais... On va s'en mettre épais d'même... Des mottes grosses comme mes gosses.

Séquence 6

La porte de la cellule de De Lorimier s'ouvre. Joseph passe le pain et le thé de Brien. De Lorimier s'approche. Il prend le thé et le pain. Avant de refermer la porte, Joseph tend une boulette de papier à De Lorimier. Celui-ci la prend et la glisse dans sa poche.

De Lorimier pose son pain, se contentant pour le moment de se réchauffer avec le thé.

Brien, lui, commence son déjeuner. Il mâchouille un bout de pain. Hurlant en direction de la porte :

Brien

Y est même pas cuit, leur pain.

De Lorimier continue à souffler sur son thé. Il sort de sa poche le bout de papier, le déplie. C'est écrit d'une main maladroite: «5 CERCUEILS».

Séquence 7

Dans le corridor, l'officier anglais commande l'ouverture des portes, les unes après les autres. Toujours le même ton arrogant, les mêmes ordres hurlés, jour après jour. Il est huit heures. Chaque homme remet son gobelet à Joseph puis se dirige vers la cellule du fond à gauche pour vider son seau hygiénique. Dans la file, De Lorimier glisse à l'oreille de celui qui le précède:

De Lorimier

Ils ont reçu cinq cercueils.

À celui qui le suit:

De Lorimier

Ils ont reçu cinq cercueils.

Chacun se répète les mots de De Lorimier.

Quand les gobelets et les seaux hygiéniques ont été rangés, l'officier anglais hurle ses ordres de nouveau. On ouvre la porte qui donne accès à la salle commune de la wing. Joseph sort avec son chariot suivi des deux Anglais. On ferme à double tour l'autre porte qui permet de sortir de la salle commune. La porte qui sépare la salle commune des cellules, elle, reste ouverte de huit heures du matin à huit heures du soir.

Séquence 8

On allume un feu dans la truie. Sept cellules. Deux hommes par cellule. Les quatorze hommes silencieux, l'air abattu, tentent de se réchauffer. S'adressant à Lévesque :

De Lorimier

Faut avertir les gars des autres *wings*.

Lévesque fait un signe à l'un des deux frères Yelle : Jacques. C'est un colosse.

Lévesque

Jacques !

Yelle a compris. Sa job habituelle. Il s'arc-boute, collé au mur, juste sous la fenêtre située à neuf pieds du plancher. Lévesque grimpe sur les épaules du géant. Il enlève le bout de guenille qui bouche le trou : la vitre est cassée dans un coin. Il crie en direction du troisième étage.

Lévesque

Larue!

Pas de réponse. Il recommence.

Lévesque

Larue!

Du troisième étage, une voix répond.

Larue

Quoi...

Lévesque

Y ont reçu cinq cercueils la nuit passée.

Larue

Cinq! Maudit bon yeu!

Lévesque

Passez le message... oubliez pas les gars d'la chapelle.

Larue

C'est correct... On s'en occupe.

Lévesque se retourne vers les autres dans la salle.

Lévesque

Qui c'est qui est dans le trou?

Osias Primeau

Saint-Pierre !

Lévesque crie cette fois vers le bas.

Lévesque

Saint-Pierre !

Saint-Pierre

Qu'esse qu'y a ?

Lévesque

Y ont reçu cinq cercueils.

Saint-Pierre

Bande de bâtards !

Puis, hurlant le message pour les gars de l'autre wing :

Saint-Pierre

Simard... les Anglais ont reçu cinq cercueils.

Séquence 9

Dans sa cellule, Simon Payeur soulève une planche de chêne. Dans le plancher, il a aménagé une cachette. Il regarde en direction de la porte puis sort un tout petit paquet. Il remet en place le bout de chêne. Il développe le paquet. Une flûte rudimentaire, un couteau, un bout de bois et un bout de cuir semblable à un petit arc esquimau, une mèche pour percer des trous. Il se met au travail. Il est à terminer un instrument de musique rustique. Ça se situe entre la flûte, le pipo et le piccolo. Avec l'arc et la mèche, il perce des trous dans l'instrument. Assis par terre, absorbé par son travail, il n'a pas vu son compagnon de cellule, Jean-Baptiste Laberge, s'approcher.

Laberge

Ça avance-tu... ton affaire?

Payeur sursaute. Puis:

Payeur

J'achève.

Laberge regarde son compagnon travailler en silence. Après un temps:

Laberge

Tu travailles comme si de rien n'était... Comment tu fais?... T'as pas peur?

Payeur cesse son travail. Il retire de sa bouche le bloc de bois qui permet de mettre de la pression sur la mèche.

Payeur

Oui, j'ai peur... Mais qu'esse tu veux que je fasse? Que j'm'assise dans un coin, pis que j'pense à ça à journée longue?... M'a v'nir fou... Écoute, y reste quatre-vingt-treize gars... pis y a cinq cercueils. Moé les tirages... j'ai toujours haï ça...

Il remet dans sa bouche son bloc de bois et continue à percer ses trous.

Séquence 10

Un damier et des dames de fabrication artisanale. Une main déplace une dame. Une autre main, d'un seul coup, mange trois dames. Osias Primeau et Alphonse Lécuyer jouent aux dames. Dumouchel regarde la partie. Hindelang, avec du fil et une aiguille, raccommode son manteau pour la millième fois. Lévesque, étendu sur le dos, fixe le plafond. On sent la tension dans l'air. Lewis Harkin marche de long en large. Comme un animal en cage. Avec un accent anglais à couper au couteau :

Harkin

Qu'esse qu'y attendent, maudit torrieu!...

De Lorimier attise la truie. Les deux frères Yelle se tournent les pouces, rêvassent, ne savent pas trop quoi faire. Près d'eux, Girouard lit.

Jacques Yelle

Vous êtes chanceux, vous, de savoir lire... Ça passe le temps.

Girouard

Écoute, ça fait cent fois que j'te dis de m'tutoyer.

Jacques Yelle

J'ai été élevé d'même, c'pas de ma faute. Ça parle de quoi votre livre? Euh! ton livre?

Girouard

Ça s'appelle *Discours sur la servitude volontaire.*

Jacques Yelle

Jamais entendu parler de d'ça... Qui cé qui a écrit ça?...

Girouard

La Boétie.

Jacques Yelle

Connais pas... C't'une Française?...

Girouard

Y s'appelait Étienne de La Boétie. Y a écrit ça au XVIe siècle... Y avait à peu près vingt ans...

Jacques Yelle

Pourquoi vous... Pourquoi tu lis des vieux livres de même?

Girouard

Vieux... Vieux... Ça veut rien dire ça, vieux... T'sais, le monde, ça change pas beaucoup d'une époque à l'autre.

Jacques Yelle

Pis ça parle de quoi?

Girouard

Ça parle de quoi? Euh! Ça parle de la soumission... La Boétie, y cherche à comprendre comment ça se fait que des milliers d'hommes obéissent comme des p'tits chiens, sans se révolter.

Jean Yelle s'est approché pour suivre la conversation.

Jean Yelle

Comme icitte.

Girouard

À peu près.

Jean Yelle

Ça vous dérangerait-tu de nous en lire des bouttes, à moé pis à mon frère?

Girouard

Avec plaisir... Mais c'est pas facile parce que c'est écrit en ancien français.

Girouard ouvre son livre, cherche un peu, se racle la gorge et commence.

Girouard

Bon!... *la première raison pourquoi les hommes servent volontiers, est, ce qu'ils naissent serfs et sont nourris tels.* Serf, ça veut dire esclave. *De celle-ci en vient une autre, que aisément les gens deviennent, sous les tyrans, lâches et efféminés.*

Jacques Yelle

Ouais... C'est dur à comprendre.

Girouard

Oui, mais... ça vaut la peine... Écoute... *Le peuple, dès lors qu'il est assujetti, tombe soudain en un tel et si profond oubli de la franchise* – franchise, c'est le vieux mot pour liberté – *qu'il n'est pas possible qu'il s'éveille pour la ravoir [...] servant si franchement et tant volontiers, qu'on dirait à le voir, qu'il a, non pas perdu sa liberté, mais gagné sa servitude. Il est vrai qu'au commencement on sert contraint, et vaincu par la force; mais ceux qui viennent après, n'ayant jamais vu la liberté et ne sachant ce que c'est, servent sans regret et font volontiers ce que leurs devanciers avaient fait par contrainte. Les hommes qui naissent sous le joug, nourris et élevés dans le servage, se contentent de vivre, comme ils sont nés. Ils ne pensent point avoir d'autre droit, ni autre bien que ce qu'ils ont trouvé. Ils prennent pour leur nature l'état de leur naissance.*

Séquence 11

De Lorimier et Laberge marchent de long en large dans le corridor.

De Lorimier

Faut absolument qu'les cours continuent pareil, quoi qu'y arrive... Sans ça, les gars vont finir par se décourager.

Laberge

Y a Lewis qui avait quèque chose sur l'histoire de l'Irlande.

De Lorimier

Y est-tu prêt ?

Laberge

Non. La semaine prochaine p't'être...

De Lorimier

Ouais... Moi, j'ai commencé à travailler sur le rôle

de l'impôt dans la situation coloniale... mais j'ai pas fini.

Laberge

Y a Payeur avec ses cours de musique.

De Lorimier

Parfait... N'importe quoi... Faut occuper les gars.

Séquence 12

Simon Payeur termine sa flûte. Il la porte à ses lèvres pour l'essayer. Un cri retentit, venant de la salle commune.

Girouard

V'là les *goddam*.

Dans la salle commune, la porte s'ouvre. Il y a là le lieutenant Peter Elliott et le shérif Saint-Ours, directeur de la prison. Ils sont accompagnés de deux gardes armés. Le lieutenant lit l'acte d'accusation.

Elliot

His excellency Sir John Colborne, Lieutenant General Commander of the forces in the Provinces of Lower and Upper Canada and Administrator of the Government of the said Province of Lower Canada has decided that

Marie-Thomas Chevalier De Lorimier and Charles Hindelang should be hanged by the neck tomorrow on February the 15, 1839, till they be dead.

La plupart des hommes ne comprennent pas l'anglais, mais tout le monde sait de quoi il s'agit. Tous les hommes sont debout et écoutent en silence. Au fond, près du mur, Girouard chuchote à l'oreille de Jacques Yelle la traduction des paroles de l'officier britannique.

Girouard

Son Excellence « le vieux brûlot », lieutenant général, commandant les troupes du Haut et du Bas-Canada...

Après un certain temps, Yelle l'interrompt discrètement.

Jacques Yelle

Arrête... pas besoin de traduire... j'sais d'quoi y parle.

Girouard cesse de traduire.

Simon Payeur est resté dans le corridor, sa flûte à la main.

Les seuls mots que tout le monde a saisis sont les noms de De Lorimier et de Charles Hindelang. Et tout le monde a saisi que l'exécution aura lieu à huit heures le lendemain.

À l'annonce des deux noms, on a senti dans la salle une très légère agitation. Chacun est à la fois soulagé et triste. De Lorimier et Hindelang accusent le coup en s'efforçant de ne pas broncher. On regarde les deux hommes.

Les soldats sortent. Personne n'ose bouger. De Lorimier est le premier à le faire.

De Lorimier

Excusez-moi.

Il quitte la salle commune et regagne sa cellule. Personne ne bouge. Tout le monde est sonné. Pas un mot. Pas un geste. Le silence est lourd.

Et soudain...

Soudain, la musique. Un petit air de Bach à la flûte. C'est Payeur, dans le corridor, qui répond comme il peut. C'est doux et fort en même temps. Une façon de protester.

Séquence 13

Dans sa cellule, De Lorimier est seul. Assis sur ses talons, le dos au mur, les bras entourant ses genoux, il fixe le mur en face de lui. Il ne bouge pas. Très calme, mais assommé quand même, recroquevillé sur lui-même, dans une position fœtale, comme pour se protéger, ramasser ses forces.

Rien ne bouge sur son visage. On n'y lit ni la peur ni la panique. Seuls les yeux restent intensément fixés sur le vide.

Séquence 14

Dans la salle commune, les hommes ont commencé à bouger, mais gênés, sans bruit, ils tâchent surtout d'éviter le regard de Hindelang. Celui-ci explose. S'adressant à tous :

Hindelang

Bon... C'est pas bientôt fini, vos gueules d'enterrement?... pas devant les têtes carrées... Putain, faut pas s'écraser comme des minables. Un peu de dignité, nom de Dieu!

Tout le monde est resté sur place, un peu gelé, surpris. Après un court moment, le jeune Lévesque accroche Lewis Harkin.

Lévesque

Viens m'aider.

Harkin se prépare à lui faire la courte échelle quand, de l'extérieur, on entend une voix qui appelle.

Voix

Oh! oh!... En bas... Les gars du deuxième... Oh! oh!

Lévesque rejoint la fenêtre au même moment, juché sur les épaules de Harkin.

Lévesque

Quoi?

Voix

Avez-vous des nouvelles? Nous autres, on n'a personne ici.

Il parle avec tristesse.

Lévesque

De Lorimier... pis Hindelang.

Voix

Bon yeu... *Hey!*... dans le trou...

Autre voix

Narbonne...

Voix

Hey!... en face... Avez-vous des nouvelles?

Troisième voix

Icitte, y ont pris Daunais... pis dans la *wing* de l'est, y a Nicolas...

Lévesque est frappé au cœur.

Lévesque

Ah! non.

Voix

Courage, les gars... Courage.

Lévesque

Descends-moé... Descends-moé.

Lévesque redescend, il a l'air bouleversé. Il éclate en sanglots.

Séquence 15

De Lorimier est toujours recroquevillé le long du mur de la cellule. Soudain, de l'étage du dessous, un prisonnier chantonne «À la claire fontaine», le chant révolutionnaire de l'époque. À cause de la musique, son visage change. Il se détend. Plus déterminé. De Lorimier se lève et s'approche de la fenêtre pour mieux entendre. Prieur risque un œil par la porte. De Lorimier sort de sa torpeur.

De Lorimier

Rentre...

Prieur

J'voulais juste voir si ça allait...

De Lorimier

Rentre...

Prieur s'assoit par terre face à son ami. C'est le silence. Après un certain temps:

De Lorimier

J'ai peur...

Après un temps:

De Lorimier

J'ai toujours su au fond que ça finirait comme ça...

Prieur ne répond pas. Il se contente d'écouter.

De Lorimier

La nuit où on a juré... Tu te rappelles... «La liberté ou la mort»... Pour moi, c'étaient pas des paroles en l'air... pour vivre comme un homme libre, il y a un prix à payer...

Court silence.

De Lorimier

J'pensais que j'étais prêt à payer... Mais c'est pas si simple... J'espère que demain mes jambes me lâcheront pas...

Il ferme les yeux. Après un temps :

De Lorimier

C'est qui les trois autres ?

Prieur

Daunais, Nicolas, Narbonne.

De Lorimier ferme les yeux de nouveau.

Prieur

Y a-tu quèque chose que j'peux faire ?

De Lorimier

Non... J'te remercie.

Prieur sort. De Lorimier le rappelle.

De Lorimier

Xavier !

Prieur revient... Avec difficulté :

De Lorimier

Ma femme...

Séquence 16

Guillaume Lévesque est en larmes.

Lévesque

C'est mon meilleur ami...

Il éclate de nouveau. Hindelang lui passe la main dans les cheveux, lui serre les épaules. Lévesque reprend son souffle, s'essuie les yeux, renifle.

Lévesque

Chez nous... on passait toutes nos étés à Saint-Cyprien... Daunais, lui, y était orphelin... Y passait quasiment toute son temps chez nous... avec moi pis ma sœur...

Il essuie une larme, se lève et poursuit.

Lévesque

Y peuvent pas faire ça... Ça se peut pas... Y a juste vingt ans... Y est tout seul au monde... Y a personne...

Hindelang le serre dans ses bras. Il ne dit rien, se contentant de lui taper dans le dos. L'autre pleure et, au travers des larmes :

Lévesque

Excuse-moi... Excuse-moi... C'est toi qui s'occupe de moi pis... Excuse-moi.

Les deux hommes se consolent l'un l'autre.

Séquence 17

Dans un coin de la salle commune, Osias Primeau et Alphonse Lécuyer discutent.

Alphonse Lécuyer

Qu'esse tu veux, c'est normal... Daunais, c'est comme son frère.

Osias Primeau

Moé, c'est pour Narbonne qu'ça m'fait le plus de peine. Les *goddam* y ont brûlé sa maison pis sa grange... L'année passée, sa femme est morte pendant qu'y était en prison... ses enfants sont tout seuls dans l'chemin... Me semble qu'y a mangé assez d'misère...

Alphonse Lécuyer

Y m'a raconté qu'à l'île aux Noix y ont passé une semaine à quatre dans un cachot de six pieds par six pieds... Pas de poêle, pas de litte, pas de couvarte. Y chiaient dans un coin... Y avait jusse une meurtrière... pas de vitre... Les gars 'taient toute mouillés... La nuit, pour pas mourir g'lés, y en a deux qui se couchaient à terre, pis les deux autres s'couchaient par-dessus pour les réchauffer... Pis quand ceux du d'sus en pouvaient pu... ben y changeaient de place avec les autres...

Au même moment, la porte s'ouvre. Le soldat anglais laisse la place aux deux sœurs de la Providence et à leur marmite de soupe. Les hommes, sauf ceux qui sont nourris par leur famille, se mettent en rang pour la distribution.

Mère Gamelin

Comment ça va, monsieur Dumouchel ?

Dumouchel

Pas ben fort !

Mère Gamelin

Quand j'ai appris la nouvelle... j'ai pensé défaillir. J'me suis dit : « Cinq autres ! Mon Dieu... quand est-ce que ça va finir ? »

Dumouchel

Ça finira jamais... Tant qu'y nous auront pas toutes tués... Y s'ront jamais contents.

Mère Gamelin

Il faut garder espoir...

Soldat

Come on... move.

Dumouchel

Merci, ma sœur... vous f'rez une p'tite prière pour nous autres...

Mère Gamelin

Dieu vous garde...

Elle passe au suivant. En versant sa soupe:

Mère Gamelin

Courage, monsieur Primeau!

Primeau

Merci, ma mère...

Mère Gamelin

C'est le monde qu'il faut remercier, mon fils... Par les temps qui courent, y ont pas grand-chose, mais y savent qu'c'est pour les prisonniers qu'on quête...

Primeau

Vous les r'mercierez de notre part.

Les yeux embués:

Mère Gamelin

Y a personne qui vous a oubliés... Pour

l'instant, le monde y s'taisent... mais y z'oublient pas...

Au suivant.

Laberge

Merci, ma sœur.

Mère Gamelin

De rien, mon fils.

Laberge

Si on vous avait pas... ça f'rait longtemps qu'on s'rait morts de faim... C'pas avec c'qu'y nous donnent...

Le soldat anglais intervient.

Soldat

Come on... let's go... move...

Laberge

Toé-là, grande maudite pissette molle... T'es pas tanné de japper...

Mère Gamelin

Voyons, mon fils!

Soldat

What?

Laberge

Va donc chier, maudite tête carrée...

Soldat

What did you say?

Laberge le regarde dans les yeux. Il articule comme il faut. L'autre ne comprend manifestement rien.

Laberge

J't'ai dit d'aller chier... Pis à part de ça... mange donc un siau de marde... Excusez-moi, ma sœur.... mais j'pouvais pas me r'tenir...

Mère Gamelin

J'ai rien entendu... J'fais d'la soupe, moi, pas d'la politique...

Se retournant de nouveau vers le soldat, en mimant:

Laberge

Manger... siau... de... marde... Tu comprends, morceau de cochon! Marde... *you know* marde... *big, big*, tas de marde... *You* manger toute le tas...

Séquence 18

Dans la porte de sa cellule, Hindelang discute avec Dumouchel. Il lui lance sa bourse, pleine d'argent.

Hindelang

Tu diras à Joseph de rapporter tout c'qu'il pourra. Du vin... du cidre en masse... et du rhum... Beaucoup de rhum.

Dumouchel

Le rhum, Charles... ça vient d'la Jamaïque...

Hindelang

Je l'sais... Mais pourquoi tu me casses le cul avec la Jamaïque?

Dumouchel

Ben... la Jamaïque... c'est les *goddam*.

Hindelang

Mais je l'sais qu'la Jamaïque c'est une colonie anglaise... J'vois pas le rapport...

Dumouchel

Le boycottage, Charles... Pas de produit anglais.

Hindelang

C'est vrai... merde... alors laisse tomber le rhum.

Séquence 19

Dans la cellule de De Lorimier, Laberge et Thomas

discutent. De Lorimier, qui était en train d'écrire, a déposé sa plume.

Laberge

Toé, c'est pas pareil... tu sais écrire... Moé, j'ai pas appris mes lettres. R'garde... mes mains. Des mains tout croches... des mains faites pour t'nir un manche de pioche... ou ben un manche de hache... Avec ces mains-là... j'l'aurais étranglé, Ellice... quand y l'ont pogné le *goddam*... lui... pis toute sa famille de p'tits *goddam*...
Toute la terre qu'y nous ont pris... c'te race de chiens-là... Un million et demi d'acres... bon yeu! quand j'y pense... Un million et demi d'acres pour engraisser des parasites pis des crapules... du monde qui reste même pas icitte... jusse pour spéculer.
Moé, j'ai travaillé toute ma vie comme un damné, d'une étoile à l'autre... pis aujourd'hui chu d'vant rien... Chu même pas capable d'établir mes garçons sur une terre... Y ont toute pris... Y ont toute volé... Y reste pu rien...
Moé, c'est pour ça que j'me su battu avec les «Fils d'la Liberté»... pour ça pis pour toutes les saloperies à c'tes baveux-là...
Pis j'voudrais te dire marci...

De Lorimier

T'as pas à m'remercier... On a fait c'qu'y avait à faire... Un homme a pas le droit de s'laisser humilier... un peuple non plus... même battu... même écrasé... on peut toujours r'lever la tête...

Laberge

Tu vas leur raconter.... Tu vas leur parler d'mes mains...

De Lorimier

J'vais leur en parler de tes mains... Des mains faites pour saluer des amis ou pour couper du pain... Des mains faites pour prier des fois... Mais aussi pour tenir un fusil quand il le faut...

Séquence 20

Dans la cellule de Hindelang, Lévesque, assis par terre, prend en note le testament de Hindelang. Celui-ci dicte le tout en marchant de long en large.

Hindelang

Quand tout s'ra fini... j'aimerais bien que t'assistes à l'autopsie... avec Brien.

Silence.

Hindelang

J'aimerais aussi... que tu fasses parvenir mon cœur... à ma mère...

Silence très long.

Hindelang

Tu donneras mes bottes à Brien. Mon casque à Fratellin. Mon manteau vert à Achille Morin. Mon couteau, tu le remettras à Pacot... c'est lui qui me l'a donné. Tu garderas ma veste... c'est un cadeau du docteur Davignon...

Silence. Il continue à marcher.

Hindelang

Mon linge... tu le donneras au pauvre Joseph.

Lévesque

C'est tout?...

Hindelang

C'est tout c'que j'ai.

Séquence 21

Dans la salle commune, Payeur réanime le poêle à bois. Près de lui, Brien, monté sur les épaules de Prieur, tire un bout de ficelle qui pend à l'extérieur. L'une des extrémités est attachée à un des barreaux de la fenêtre. À l'autre extrémité, une quinzaine de côtes de porc déjà cuites sont empilées.

Brien

Sont g'lées ben dur...

Il redescend, en défait six qu'il jette dans un chaudron sur le poêle. Les frères Yelle, en mâchonnant leur pain, dévorent des yeux les côtelettes.

Brien

Tu r'mettras les autres au frette...
Tout ça, c'est d'ma faute.

Prieur

Arrête de t'torturer avec ça...

Brien

J'peux pas rester avec lui... cette nuit. J'serai pas capable... J'pourrai pas le r'garder.

Prieur

Y t'en veut pas...

Brien

Oui, mais...

Prieur

Y me l'a dit...

Brien

Ben oui, mais... si j'avais pas signé de déclaration...

Prieur

Tu vas pas r'commencer avec ça. T'as craqué... T'as craqué... C'est toute... T'as signé... bon... pis après, ça aurait pu être un autre... De toute façon, la Cour martiale voulait faire un exemple... Déclaration, pas déclaration... ça leur prenait des coupables.

Brien

Oui, mais c'est moi qui...

Sur un ton un peu plus dur :

Prieur

Arrête... J'peux y aller si tu veux... J'vas y en parler...

Brien ne répond pas, mais dans ses yeux il y a un immense merci.

Prieur

On f'ra ça après la marche... correct.

Il monte de nouveau sur les épaules de Simon Payeur et remet à l'extérieur la corde et les côtelettes.

Séquence 22

De Lorimier est en train d'écrire :

Je remercie l'Association des travailleurs

londoniens pour leur appui à notre lutte. Nous n'avons aucune querelle avec le peuple d'Angleterre. Nous faisons la guerre uniquement aux tyrans qui nous oppriment et qui oppriment votre propre peuple.

Brien arrive avec une assiette pour De Lorimier. Il reste dans la porte, un peu gêné, son assiette à la main.

Brien
C'est ma mère qui m'a envoyé ça... J't'en ai gardé deux...

De Lorimier
Merci... mais... j'ai pas faim...

Brien
Veux-tu que j'te laisse l'assiette... tu mangeras t'à l'heure...

Après un temps:

De Lorimier
Non... laisse faire... Donne-la à un des gars ... avant qu'ça r'froidisse.

Séquence 23

Dans la salle commune, le notaire Girouard, à plat

ventre sur un petit banc, les bras et les jambes écartés, s'agite bizarrement, surveillé par Lewis Harkin. Son visage trempe dans un bol d'eau posé sur un autre tabouret.

Harkin

Quand que tu pousses... faut qu'ton tête reste dans l'eau...

La porte de la salle commune s'ouvre. Un soldat anglais entre. En voyant Girouard, surpris, il hurle.

Soldat

What are you doing?

Girouard

On apprend à nager... Vous voyez bien...

Reprenant ses sens, le soldat anglais hurle de nouveau.

Soldat

Medical inspection.

Le docteur Arnoldi pénètre dans la pièce, l'air pressé, la langue pâteuse. Avec un fort accent anglais :

Arnoldi

Quelqu'un... a des *problems*... icitte ?

Dumouchel se lève.

Dumouchel

Oui... moé... Y a mon mal de ventre... qui r'commence...

Arnoldi s'approche et, l'air détaché, en s'aidant de ses mains, il examine les yeux de Dumouchel. Puis :

Arnoldi

Sors... le... langue...

Coup d'œil rapide. Il fouille dans ses poches et en sort un flacon. Dumouchel tend la main.

Arnoldi

Deux par jour... pendant... quatre jours.

Brien

Cher confrère... Si je puis m'permettre... La seule façon, à mon avis, de soigner ce cas évident de dyspepsie... ce serait de donner aux prisonniers une nourriture un peu plus saine... Évidemment que...

Arnoldi lui coupe la parole.

Arnoldi

That's all ?

Osias Primeau s'approche.

Primeau
Moé... j'ai toutes sortes de gales su é jambes...

Arnoldi
Okay... Assis-toé... icitte... pis... monte ton culotte...

Primeau s'exécute. Il a la jambe couverte de pustules. Arnoldi se penche et regarde ça en vitesse.

Arnoldi
Okay... l'autre...

Même chose sur l'autre jambe. Arnoldi se relève et fouille dans sa poche, ressort le même flacon. Primeau tend la main.

Arnoldi
Pas grave... finir bientôt. Deux par jour... quatre jours.

Il jette un coup d'œil autour.

Arnoldi
Is that all ?

Personne ne bouge. Arnoldi sort sans dire un mot. On referme la porte à double tour.

Primeau
Y sentait la tonne... comme d'habitude.

Brien

Pourquoi tu penses qu'il a été nommé médecin d'la prison ? Il avait perdu toute sa clientèle...

Dumouchel prend son accent anglais typiquement arnoldien.

Dumouchel

Deux par jour... quatre jours.

Il revient à son accent de tous les jours et tend la main pour bien montrer aux autres.

Dumouchel

Y m'en a donné rien que sept... le *goddam*. Toujours les mêmes maudites pelules... que t'aies mal au pied... ou ben à tête...

L'officier anglais de service à l'extérieur hurle «Promenade».

Séquence 24

Sur le mur d'enceinte de la cour, une sentinelle bien emmitouflée fait les cent pas. En bas, les hommes tournent en rond, deux par deux, dans la cour enneigée. Parmi eux, Hindelang et Guillaume Lévesque marchent la tête rentrée dans les épaules à cause du froid.

Hindelang

L'ennui dans tout ça, c'est que... je r'verrai pas le printemps...

Il souffle dans le froid et ça fait un petit nuage. Il regarde la cime des arbres à l'extérieur des murs.

Hindelang

C'est beau, les arbres... hein!

Lévesque acquiesce silencieusement.

Hindelang

Ça me rappelle les pommiers en fleurs... au printemps... chez moi... à Chiddes... Des pommiers que j'ai plantés, y a dix ans... avec mon voisin, le vieux Jean... Quarante-sept pommiers... C'est à peu près tout c'que je vais laisser de valable... quarante-sept pommiers... Tu t'rends compte... Nom de Dieu!... J'espère seulement que le Jean va continuer à s'en occuper... quand j's'rai plus là... Nom de Dieu!... de nom de Dieu!...

Il a ralenti tout en parlant et s'est arrêté. Les deux suivants, Simon Payeur et Jean-Baptiste Laberge, les ont rejoints. Ils forment maintenant un groupe de quatre hommes. Formellement interdit par le règlement. La sentinelle, en anglais, leur crie de se séparer.

Première sentinelle

Keep apart... Come on... Spread out...

Les hommes ne bougent pas. La sentinelle arme son fusil et les met en joue. Hindelang quitte le groupe et s'avance lentement vers la sentinelle.

Hindelang

Tire donc, enfoiré... mais tire... si t'es un homme...

Hindelang ouvre son manteau et offre sa poitrine.

Hindelang

Qu'est-ce que t'attends? Qu'on en finisse, quoi!

L'autre sentinelle, qui s'est approchée, force la première sentinelle à baisser son arme.

Deuxième sentinelle

Hey! That's enough... leave him alone... We're soldiers not murderers.

Première sentinelle

All right! Anyway we're hanging him tomorrow... Bastard.

Séquence 25

Dans l'embrasure de la porte de la salle commune, le

soldat McDonald discute avec De Lorimier. À tout moment, McDonald regarde dans le corridor, de peur d'être surpris.

McDonald

I'm really... very sorry.

De Lorimier le regarde sans rien dire, l'air très digne.

McDonald

I'm a peasant like you... people. The landlord threw me off my land... There were no jobs in England... My family was starving. I needed a job to keep my family alive... I have children too... you know.

Tout le temps qu'il a parlé, McDonald l'a fait à voix basse en regardant un peu partout, de peur d'être surpris.

McDonald

I really don't like all this, but I'm only doing my job... We're not really all bad, you know... We're just people trying to do our job...

Il ferme la porte à double tour. Puis il ouvre le judas.

McDonald

Please, forgive me... Try to understand... I'm a soldier... I'm following orders...

De Lorimier ne répond pas.

McDonald

Please, say something... I'm only doing my job. I'm innocent. It's not my fault.

De Lorimier baisse les yeux, sans rien dire. L'autre n'en peut plus. Il referme le judas, les yeux rouges.

Séquence 26

Brien tire sa paillasse par terre, il traverse le corridor vers la cellule 7. Il croise Prieur, les bras chargés, qui transporte ses affaires dans la cellule de De Lorimier.

De Lorimier

J'suis content que tu sois là...

Prieur

Moi aussi...

De Lorimier

Charles... Comment y prend ça...

Prieur

Tu l'connais... y fait le fanfaron.

De Lorimier

Comme d'habitude...

Prieur

Y fait c'qu'on attend de lui.

De Lorimier

C'est ça le plus dur... Les autres y pensent que toi... non... y ont besoin de penser que toi tu sais c'qu'y faut faire... y attendent... Mais toi, t'es tout seul... Tu cherches... dans le noir... Pis y faut qu'tu trouves... T'as pas le droit d'te tromper... J'ai toujours trouvé ça dur d'assumer ça...

Après un long silence :

De Lorimier

Tu peux t'servir d'la tablette du haut, si tu veux...

Séquence 27

Dans la salle commune, Simon payeur joue du piccolo dans un coin. Laberge décrit une recette à Lewis Harkin.

Laberge

Là, tu fais dorer les p'tits morceaux de lard avec les oignons. Après, tu fais brunir tes morceaux d'rognons, que t'as roulés dans fleur... faut qu't'es fasse coller... au fond... Après ça, tu rajoutes de l'eau... une couple de feuilles de laurier... pis d'la moutarde.

Girouard dessine au crayon un portrait de Hindelang. Hindelang et Lévesque font du saut en longueur à pieds joints.

Hindelang

Allez, Lévesque... montre-nous c'que tu sais faire... allez, meurs pas là.

L'autre s'exécute. Un saut assez minable... Puis en rigolant :

Hindelang

Ah ! Ah !... et maintenant, messieurs... r'gardez bien... le champion.

Osias Primeau et Alphonse Lécuyer jouent aux dames. Le jeu de dames est de fabrication rudimentaire. Prison oblige. Primeau mange trois dames à Lécuyer. Pour lui-même :

Lécuyer

Vieux sans dessein...

Primeau

Si tu continues comme ça, mon Alphonse... Tu vas t'faire déculotter...

Lécuyer

Fais pas ton p'tit frais...

Dumouchel est en train de se gosser un p'tit bonhomme dans un morceau de bois. Prieur donne des cours d'écriture aux frères Yelle. On sent la concentration et l'effort dans leurs grosses mains plus habituées à manier la fourche ou la pelle. Ils font des h et des g. Prieur les corrige.

Prieur

R'garde ici... ton g... faut que tu r'montes la petite queue par en l'air... comme ça...

Jacques Yelle

Ah! Correct... J'avais pas compris.

Il s'applique de nouveau. Hindelang, qui rit très fort, intervient.

Hindelang

Tu pourrais pas nous jouer quelque chose de plus gai?...

Payeur se lance dans une danse endiablée. Lentement, chacun abandonne ses activités et participe en tapant des mains, des pieds. Dumouchel s'empare d'une casserole et tient le temps en piochant comme un sauvage. Le bordel est pris. Hindelang s'approche du vieux Lécuyer.

Hindelang

Mademoiselle... voudriez-vous m'accorder cette danse?...

Le vieux Lécuyer, qui danse comme un pied, se lève et, mimant une jeune fille, se lance à fond de train dans la danse. Les sourires renaissent sur les visages. Plus ça va, plus ça tape fort. Le bordel, vous dis-je. De Lorimier lui-même s'est approché et, de la porte du corridor, il tape dans ses mains, sourire aux lèvres, ayant oublié son tourment. Et soudain, la porte s'ouvre. Henriette, la femme de De Lorimier, fait son apparition. De Lorimier reste figé. Sa femme, en larmes, se jette à son cou. La musique s'arrête peu à peu.

Henriette

Oh! Thomas... Thomas...

Thomas et sa femme restent enlacés quelques instants dans la porte du corridor. Arrivent également la sœur de De Lorimier, un cousin et une cousine.

De Lorimier

Viens...

Thomas entraîne sa femme et le reste de sa famille vers sa cellule, pendant que les autres restent confus, un peu gênés, l'air piteux.

Séquence 28

Dans le corridor, De Lorimier est enlacé par sa femme et sa sœur qui pleurent. Le cousin reste là à regarder la scène. La cousine également. Ni l'un ni l'autre ne savent quoi faire ou quoi dire. Ils regardent les trois autres qui forment un bloc compact pour partager la douleur, l'exorciser en se serrant. Sans un mot, les gars qui restaient dans leur cellule sortent pour rejoindre les autres dans la salle commune.

Séquence 29

Dans la salle commune, Guillaume Lévesque, grimpé sur les épaules de Jean Yelle, s'accroche aux barreaux et, avec l'aide d'un morceau de miroir, raconte ce qui se passe.

Lévesque

Sont après installer les cordes...

Dans la salle commune, on entend bien les coups de marteau, le bruit des scies. L'un des soldats chante en anglais. Tout le monde l'écoute. Soudain, Prieur explose.

Prieur

Laisse-moé monter...

Lévesque

Y en a un qui arrange la trappe.

Prieur

Laisse-moé monter... baptême...

Lévesque saute en bas. Prieur se précipite sur les épaules de Yelle.

Prieur

Maudit *goddam* à marde... vas-tu la farmer ta grand yeulle sale.

On entend l'autre lui répondre en anglais d'aller se faire... voir.

Voix

Go fuck yourself you fucking bastard.

Prieur est fou de rage. Il hurle.

Prieur

Farme ta yeule...

L'insulte s'étire en un cri sans fin.

Voix

Go to hell. Tomorrow you'll be dead and I'll be fucking your wife.

Prieur éclate.

Prieur

Viens... Viens.... Viens... Viens... Grand pue la marde.... M'a t'la déviarger à coups de pied ta grande yeule de *goddam*. Viens... enweille viens-t'en... si t'es t'un homme... M'a beurrer les murs d'la *wing* avec ton sang...

On entend les autres rigoler à l'extérieur. L'un d'entre eux laisse même voir que «Tomorrow, it will swing». Prieur secoue les barreaux avec force. Il hurle d'impuissance. Le vieux Lécuyer intervient. Il hurle plus fort encore.

Lécuyer

J'les haïs les bâtards... J'les haïs !

Lewis Harkin

Pas assez.

Lécuyer

Qu'esse tu dis ?

Lewis Harkin

J'ai dit pas assez... T'es haïs pas encore assez... Jamais tu pourras les haïr comme moé j'les haïs... Tout c'qu'y nous ont fait en Irlande...

Lewis Harkin se touche la poitrine.

Lewis Harkin

Je les haïs, là, tu peux pas savoir... C'est comme du feu... icitte... Touche... Touche... mais fais attention... tu vas te brûler...

Séquence 30

Dans sa cellule, De Lorimier et sa femme sont agenouillés sur la paillasse de Prieur. L'un face à l'autre, enlacés. Des larmes coulent sur le visage d'Henriette. Elle sanglote. Très doucement.

Henriette

J'ai pas pu parler au gouverneur... sa femme m'a reçue... on a discuté pendant une demi-heure... elle était très gentille... elle m'a promis d'intervenir auprès de son mari... il pourrait te gracier si tu...

De Lorimier

Pourquoi t'as fait ça? Pourquoi es-tu allée ramper aux pieds de c'te pourriture?

Henriette

Parce que j'veux pas te perdre... Si tu meurs, qu'est-ce que je vais dev'nir?

De Lorimier

Y a des choses qu'on n'a pas le droit de faire...

Henriette

Je t'aime, Thomas... C'que j'ai de plus précieux au monde, c'est toi... J'suis prête à tout.. pour te sauver... Tu m'entends-tu, à tout...

De Lorimier

Tout c'qu'ils veulent, c'est ça... qu'on leur demande pardon... qu'on les supplie à genoux... c'est des voleurs... Y exploitent notre peuple depuis quatre-vingts ans.

Henriette

Mais tout ça, c'est d'la politique... Moi, j'veux pas te perdre... C'est toi que j'aime... pas ta révolution... Moi, mon pays... c'est toi. C'pas juste que tu payes pour les autres...

De Lorimier

On avait raison d'se révolter.

Henriette

Mais arrête donc pour une fois avec tes mots... avec tes phrases...

De Lorimier la secoue pour la faire taire. Mais Henriette n'en peut plus.

De Lorimier

Henriette !

Henriette

Le peuple... la liberté... le pays...
La vie, c'est plus important qu'les idées.

De Lorimier

Henriette !

Henriette

Pense à moi pour une fois.

De Lorimier

Henriette !

Henriette

Pense à tes enfants pour une fois..., rien qu'pour une fois.

Il hurle plus fort qu'elle.

De Lorimier

Arrête !

Les deux s'enlacent violemment. Thomas sait qu'il n'arrivera pas à convaincre sa femme. Il n'y a plus rien à dire. Il n'y a qu'à partager la douleur. Il n'y a plus que le corps.

Henriette

Excuse-moi... Excuse-moi... Excuse-moi...

Séquence 31

Dans le corridor, Laberge vient porter une gamelle

de thé brûlant à la famille de De Lorimier qui attend au fond. La gamelle est rouillée et cabossée. Laberge s'en rend compte en regardant le visage de la sœur de De Lorimier.

Laberge

Faites pas attention à tasse...

La sœur

Merci... J'suis congelée.

Laberge

On s'excuse mais... c'est tout c'qu'on a...

La sœur

Ça va... Ça va...

Il part rejoindre les autres dans la salle commune. Brien est en train de laver ses bas dans une chaudière. À côté de lui, les frères Yelle écoutent Girouard lire le journal.

Girouard

Dans son texte, Lord Durham déclare : *Dans l'un et l'autre cas, il semblerait que les Canadiens français soient destinés en quelque sorte à toujours occuper une position inférieure et à dépendre des Anglais pour se procurer un emploi.*

Primeau

De qu'est-ce qu'y s'mêle, lui, c'te bâtard là.

Jean Yelle

Bon... Laissez-lé lire... pour une fois qu'on a des nouvelles.

Girouard

Il est évident que l'assimilation aux usages anglais a déjà commencé. La langue anglaise gagne du terrain comme étant la langue des riches et de ceux qui distribuent des emplois. Il s'écoulera beaucoup de temps bien entendu avant que la langue anglaise ne se répande dans tout le peuple. Mais je répète qu'il faudrait commencer par changer immédiatement le caractère de la province et poursuivre cette fin avec vigueur et prudence.

Dumouchel

Maudit chien!

Jean Yelle

Bon yeu!... Arrêtez-vous... deux secondes... on s'comprend pas.

Girouard

Le premier objectif du plan du futur gouvernement doit être l'anglicisation. Ce n'est qu'une question de temps et de manière: il s'agit simplement de décider si le petit nombre de Français d'aujourd'hui seront anglicisés maintenant ou bien si on va remettre le procédé à plus tard quand ils seront plus nombreux.

Juste à côté, Brien, en secouant ses bas, a arrosé Jean Yelle. Celui-ci explose en s'essuyant.

Jean Yelle

Maudit verrat!... Tu pourrais pas aller s'couer tes bas ailleurs?

Brien

J'm'excuse... j'ai pas fait exprès.

Jean Yelle

Bout d'viarge!... tu laves tes maudits bas... trois fois par semaine... t'es s'coue tout partout... t'as-tu peur de pogner des maladies... sacrement?

Brien

J'ai pas fait exprès... j'te dis...

Jean Yelle

Tes maudits bas, m'a t'lé faire manger... Bout d'viarge!...

Les deux hommes vont se sauter à la gorge. Girouard abandonne sa lecture et intervient.

Girouard

C't'assez, les gars... c't'assez...

Jean Yelle

Fatiquant lui avec ses damnés chaussons...

Girouard

C't'assez... garde ça pour les *goddam*... on va n'avoir besoin...

Séquence 32

Dans sa cellule, De Lorimier, agenouillé sur le lit, tente de consoler sa femme.

De Lorimier

Arrête de pleurer... s'il vous plaît... arrête.

Il essuie les larmes de sa femme avec sa main. Puis il prend dans les mains de celle-ci un mouchoir de soie brodé et lui éponge le visage. Elle reprend son mouchoir. C'est elle qui se met à toucher du bout des doigts le visage de son mari, comme pour imprimer ses traits dans sa mémoire. Ensuite, elle prend son homme dans ses bras, comme on le ferait avec un enfant. Là, c'est De Lorimier qui est au bord des larmes.

Séquence 33

Dans sa cellule, Hindelang discute avec Lévesque.

Hindelang

Mais moi aussi, j'suis un étranger... protestant en plus.

Lévesque

Mais toé, c'pas pareil... T'es pas v'nu pour nous fourrer... t'es v'nu pour te battre avec nous autres... pareil comme O'Callaghan, Nelson, Brown. Ça fait cinquante ans qu'y se servent des immigrés contre nous autres... Qu'essé tu veux qu'on leur fasse? Qu'on leur baise le cul?

Hindelang

Même si l'Angleterre les utilise comme des pions contre vous... ils défendent leurs intérêts... De leur point de vue... c'est normal. Pourquoi ils s'rangeraient du côté des plus faibles?

Lévesque

Non, c'est pas normal... c'pas vrai... C'est pas normal... c'est toé qui est normal... C'est Lewis qui est normal. Nous autres, on veut pas savoir d'ousse tu d'viens ou c'est quoi la couleur de ta peau... Tu peux être blanc, jaune, noir... vert si tu veux... on s'en sacre... Nous autres, c'qu'on veut savoir, c'est si t'es d'notre bord ou du bord des Anglas... Si t'es contre nous autres, t'es un chien sale... Les étrangers pareils comme les autres.

Séquence 34

Dans sa cellule, De Lorimier et sa femme sont toujours agenouillés sur le lit. Les pleurs ont cessé. Henriette montre à Thomas des dessins de leurs trois enfants.

Henriette

Là... elle commence à faire des bonhommes... Tiens ici, c'est toi... moi... Jules... Sophie... ici, c'est elle... Ça, c'est de l'herbe... un canard... un lapineau...

Sur le dessin, c'est écrit: «Mon cher petit papa, je t'aime gros comme le soleil. Hélène.»

Henriette

Ça, c'est elle qui voulait que j'écrive ça...

Il regarde l'autre dessin. Ça représente une prison grossièrement dessinée. Au centre, un oiseau immense qui tient un homme dans ses serres.

De Lorimier

Ça, c'est la prison... Ça, c'est quoi?

Henriette

C'est l'Oiseau de feu... qui vient te sauver...

De Lorimier

Jules, est-ce qu'il est au courant pour... ?

Henriette

Non... Mais il s'ennuie beaucoup... Tous les jours, y me d'mande quand... tu vas sortir...

De Lorimier

Est-ce qu'il comprend c'qui se passe ?

Henriette

Ah ! ça... La s'maine passée, il m'a d'mandé... « Maman, pourquoi les soldats y veulent faire du mal à papa ? »

De Lorimier

Qu'est-ce que t'as répondu ?

Henriette

Qu'est-ce que tu veux répondre à des questions comme ça ?

Silence. Après un temps :

De Lorimier

Comment ça va à l'école ?

Henriette

Très bien... Sœur Saint-Pierre s'en occupe beaucoup... J'trouve ça tellement beau d'le voir écrire... Il fait ses lettres dans son p'tit cahier... la langue sortie... tout sérieux... Là, il vient de découvrir ton vieux globe terrestre... Il le fait tourner... Il me d'mande c'est où la France... c'est où l'Angleterre... Et nous autres... on reste où?

De Lorimier

Et la p'tite? Elle passe-tu encore son temps à s'déguiser en madame?

Henriette

Toujours... De c'temps-là, elle est insupportable... Ça paraît qu't'es pas là... Elle veut jamais s'habiller... J'sais plus quoi faire...

De Lorimier

En grandissant, ça va passer... J'pense... Rappelle-toi Jules... Y était pareil... au même âge...

Henriette

Avant-hier, j'étais en frais de laver la vaisselle... Elle me d'mande: «Maman... c'est quoi ça... la liberté? »

Séquence 35

Dans le corridor, Lécuyer discute de la situation générale de la colonie avec le cousin de De Lorimier et les deux femmes.

Lécuyer

Les gens... en dehors, comment'c'qu'y voient ça?

Il réfléchit quelques instants.

Cousin

Comment j'pourrais dire... euh!... euh!...

Il cherche ses mots.

Cousine

C'est assez malsain...

Cousin

C'est ça... ça s'rait le bon mot... Malsain... le monde est assez désespéré... Ça branle dans le manche... Tout le monde a pris son trou...

Cousine

Chacun essaie de s'en sortir à sa façon... Chacun accuse les autres autour de lui... On cherche des coupables... Alors que le coupable... il est à l'intérieur de chacun de nous...

Lécuyer

C'est ça quand on perd... Si on avait gagné, tout le monde se tiendrait... Les Anglais, eux autres, comment'c'qu'y réagissent?

Cousin

Ils n'ont jamais été aussi méprisants...

Cousine

Mais le pire, c'est toute la clique de licheux de bottes... eux autres, ils occupent toute la place... je vous dis qu'ils parlent fort...

Lécuyer

C'est comme si y avaient décapité notre peuple... Les plus décidés sont en prison... Là, c'est les vendus qui prennent la relève... Et j'ai l'impression qu'c'est pour longtemps.

Après un court silence :

Cousine

Vous, j'vous admire... Monsieur...

Séquence 36

Dans sa cellule, Guillaume Lévesque écrit. Dans la porte, Simon Payeur apparaît.

Payeur

Y a Daunais qui veut te parler.

Guillaume Lévesque laisse tomber la plume, saute sur ses pieds et sort.

Dans la salle commune, on attend. Jacques Yelle, lui, fait la courte échelle pour monter jusqu'aux barreaux.

Lévesque

Amable... c'est Guillaume...

Voix de Daunais

T'es t'au courant?

Doucement:

Lévesque

Oui...

Voix de Daunais

J'ai la chienne, Guillaume...

Après une courte pause:

Voix de Daunais

J'ai la chienne comme ça s'peut pas... J'sais pas si j'vas être capable...

Il y a une pause. Guillaume, ne sachant trop quoi dire, se mord les lèvres.

Voix de Daunais

J'veux pas mourir... Guillaume. J'veux pas mourir...

Autre temps mort. Puis:

Lévesque

Faut pas qu'tu craques, Amable... Pas d'vant ces bâtards-là... T'as pas le droit.

Voix de Daunais

J'sais toute ça... mais j'ai la chienne... pareil.

Pause.

Voix de Daunais

Écoute, Guillaume... Si tu t'en sors, j'veux qu'tu me promettes une chose...

Lévesque

Quoi?

Voix de Daunais

J'veux qu'tu t'occupes de mes ruches...

Silence.

Daunais

Guillaume?

Lévesque

C'est juré...

Voix de Daunais

T'iras dans ma chambre... chez Monsieur Mallette... Dans le bureau, dans le tiroir du bas... Tu vas trouver un livre sur les abeilles... Y appartient au vieux Bésette... Tu y remettras...

Lévesque

Crains pas...

Voix de Daunais

En fouillant... tu vas trouver d'l'argent. T'iras payer Daignault à l'auberge... J'y dois une livre de tabac... Garde le reste...

Lévesque

Daignault... Correct...

Voix de Daunais

Pis va chercher mon coffre d'outils chez Thibert à Sainte-Martine... J't'le donne...

Lévesque ne répond pas.

Voix de Daunais

Prends-en soin...

Lévesque

J'te l'promets.

Voix de Daunais

Pis pense à moi... ah oui... ch'sais pas trop comment dire ça... j'ai toujours été trop gêné...

mais... tu diras à ta sœur que... je... l'aimais ben...

Après un temps :

Voix de Daunais

Pis tu peux laisser faire le ben...

Lévesque

J'm'en étais aperçu... Elle aussi, j'pense.

Voix de Daunais

Parle plus fort... j'comprends rien...

Lévesque

Elle aussi a t'aimait...

Daunais ne répond pas.

Lévesque

Amable... T'es toujours là?...

Séquence 37

Dans la cellule de De Lorimier, Thomas et Henriette sont enlacés tendrement. Ils se regardent, se touchent, se collent sans un mot. Rien de sexuel. Mais de la tendresse à l'état pur. De la chaleur.

Séquence 38

Dans le corridor, Lécuyer et les parents de Thomas continuent leur discussion.

Lécuyer

Une deuxième défaite en soixante-quinze ans, ch'sais pas si on va pouvoir se r'lever de d'ça... Mais le plus dangereux... j'pense, c'est pas l'occupation militaire... c'est c'qui vient avec... c'est l'occupation de nos cerveaux. J'ai peur qu'on s'habitue au malheur... à l'avenir, nos barreaux, on va les transporter dans nos têtes... Tous ceux qui sont prêtes à nous vendre pour faire une piasse vite... Y vont essayer de nous faire passer la lâcheté pour du gros bon sens... y vont nous présenter chaque défaite comme une grande victoire... Y vont nous faire accroire que la soumission, c'est le paradis sur terre...

Mais sa tirade est coupée par Dumouchel.

Dumouchel

Hindelang ! C'est pour toé...

Joseph, le débile, vient de faire son entrée dans la salle commune, les bras chargés de victuailles. Hindelang le débarrasse d'une partie de son fardeau.

Hindelang

Hé ! les gars...

Hindelang apporte son panier sur la table.
Les autres en font autant.

Lécuyer

Qu'essé ça ?

Triomphant :

Hindelang

Mon banquet d'adieu...

Hindelang se met à développer les paquets. Et énumère les plats.

Hindelang

Poulet... Jambon... Rôti de veau...

Chacun écarquille les yeux comme un enfant. C'est le silence total. Comme face au sacré.

Hindelang

Canard... Rôti de porc... pâté...

Puis soudain :

Primeau

C'est pas du pâté ça, l'Français... c'est des

cretons... *Hey!* les gars, des cretons...

Dumouchel

Laisse-moi sentir...

Hindelang

Du pâté... des cretons... qu'est-ce qu'on en a à foutre.

Primeau

C'est pas pareil pantoute, des cretons pis du pâté... De toute façon, vous connaissez pas ça, vous autres les Français...

Payeur les sent.

Primeau

Woh! Woh! là! Pas trop... laisse-z-en pour les autres...

Payeur

Comme ceux d'ma mère.

Dumouchel

J'pense que j'vas m'mettre à genoux pour les manger...

Tout le monde se met à déballer les cadeaux.

Laberge

Hey! les gars, du vin de c'rise... du vin de pissenlit... du cidre...

Dumouchel

Passe-moé la bouteille...

Lewis Harkin s'empare de la bouteille et la débouche. Il en renifle les odeurs.

Dumouchel

Du cidre... saint-chrême... du cidre... Charles? Ch'peux-tu?

Hindelang

Hey! Jos... deux doigts.

Jos Dumouchel s'en envoie une lampée à n'en plus finir, sous les protestations de ses camarades. Pour faire taire les mauvaises langues, il exhibe sa main, où manquent le majeur et l'auriculaire. On le hue. On lui arrache la bouteille, qui passe de main à main. Jos est heureux.

Dumouchel

Aaaaah! Que ça fait du bien... Saint-cul de saint-cul! C'est quand même meilleur qu'la pisse de joual du chien à Molson.

La bouteille a fait le tour. C'est à Hindelang que revient l'honneur de la finir.

Hindelang

Une autre que les Anglais auront pas.

Séquence 39

La porte de la cellule de De Lorimier est entrouverte. L'homme et la femme sont enlacés. Prieur se risque à les déranger. Il frappe délicatement sur la porte.

Prieur

Thomas... c'est prêt.

De Lorimier

Commencez tout de suite, on ira vous rejoindre plus tard...

Prieur les laisse et va rejoindre les autres dans la salle commune. La table est mise. Hindelang préside le banquet. La parenté de De Lorimier se tient debout le long du mur. Un couvert reste vide. Prieur fait un signe à Hindelang.

Hindelang

On peut y aller... Gênez-vous pas... y en aura pour tout le monde... si on surveille bien... Jos...

Hindelang rit très fort de son gag... Les autres sourient de façon un peu forcée.

Séquence 40

Dans le corridor, pendant le banquet, Thomas et sa femme sont blottis l'un contre l'autre.

De Lorimier

Tu te rappelles-tu l'année passée à l'Île-des-Sœurs?

Henriette

C'tait pas l'année passé, mais l'autre année d'avant.

De Lorimier

T'es sûre?

Henriette

Oui, c'tait au printemps, l'année de l'inondation. On avait fait du canot entre les arbres.

De Lorimier

Tu te rappelles de ça...

Henriette

Comme si c'était hier... J'me rappelle la douceur du vent, le reflet du soleil sur l'eau...
La p'tite plage de galets... au bord du fleuve... L'odeur de ta peau.

De Lorimier

Moi, j'ai encore dans la tête ton visage renversé

par en arrière... les yeux fermés... ton souffle... les gouttes de sueur dans tes cheveux... C'est drôle, hein ! Mais chaque fois qu'on s'aimait... chaque fois... pour moi... c'était comme découvrir un trésor chaque fois... pendant dix ans...

L'homme et la femme se serrent davantage.

Henriette

Ah ! Thomas... Thomas...

Séquence 41

Au bout de la table, Hindelang rit fort. Un rire un peu forcé. Une joie de vivre un peu surfaite. Il est d'ailleurs le seul. Tout autour de la table, le climat est lourd. Les gars mangent avec un plaisir évident, mais avec quand même au fond d'eux une certaine honte, vu les circonstances. (Psychologie de bottine. Essayez de jouer ça pour voir.)

Hindelang

Ah ! Ah ! Ah ! Ah !... Et puis l'autre, avec son chapeau de merde et sa tête d'Anglais qui me regardait... c'était tordant. Ah ! Ah ! Ah ! Ah !... Allez, Dumouchel, cesse de faire cette tête d'enterrement, verse-moi à boire... Nom de Dieu !...

Dumouchel s'exécute sans enthousiasme.

Hindelang

Mais qu'est-ce que vous avez tous à faire la gueule? Dieu de Dieu!... on est encore en vie, merde!... Allez, Alphonse... une histoire de cul...

Lécuyer

Attends un peu... là... laisse-moé penser.

Chacun cesse de manger, en attendant les farces grossières de Lécuyer. Et ça part soudain : la vulgarité, le cul, c'est-à-dire la vie, arrive à détendre l'atmosphère. Le fun *prend. Lécuyer enligne les histoires, les unes à la suite des autres. Ça rigole fort dans la salle commune.*

Séquence 42

A) Dans l'escalier qui donne accès au troisième étage, Monsieur de Saint-Ours, shérif de la prison, accompagne deux journalistes anglophones.

De Saint-Ours

How long have you been working for the Montreal Herald*?*

Premier journaliste

Five years... No, six.

On continue de monter.

De Saint-Ours

In this part of the prison, there's only two of them. De Lorimier and Hindelang.

Deuxième journaliste

How do you spell his name?

Pendant que le journaliste note dans son carnet, le shérif épelle le nom du prisonnier.

De Saint-Ours

H-I-N-D-E-L-A-N-G.

Premier journaliste

And who is he?

De Saint-Ours

We don't know too much about him. He was born in France but his family is originally from Switzerland. After that he spent some time in the United States, then he joined the patriots.

Premier journaliste

You mean the rebels... Mister de Saint-Ours...

De Saint-Ours

Yes... of course... excuse me.

De Saint-Ours, un peu confus, poursuit.

De Saint-Ours

He's a professional soldier and because of his previous experience, he was one of the commanders at the battle of Odelltown.

Deuxième journaliste

And the other one?

De Saint-Ours

He's... what you can call... a professional troublemaker. Since 1830, he worked for Papineau and the other candidates of «le parti patriote». *He was secretary general of the central committee. He was wounded in the fight between the Doric Club and* «Les Fils de la Liberté». *He was with Chénier in Saint-Eustache. Then he went to the United States to organize the rebellion. He's one of the leaders of* «Les frères-chasseurs».

B) Les trois hommes débouchent dans le corridor du troisième étage.

Premier journaliste

What's that noise?

Dans le corridor, on entend les prisonniers chanter et taper des mains.

De Saint-Ours

I don't know!

Le soldat de garde rectifie la position.

De Saint-Ours

What's happening here?

Soldat

The prisonners are having their supper, sir!

Saint-Ours ouvre le vasistas et regarde à l'intérieur. Tous le monde autour de la table chante à qui mieux mieux. Une chanson paillarde. Ça hurle, ça rigole, ça tape sur la table. La foire. Les deux journalistes cherchent à voir, complètement ébahis.

Premier journaliste

Shit... These people are crazy... They're going to die tomorrow...

Séquence 43

A) Thomas et sa femme sont assis par terre dans le corridor. Enlacés. La porte qui sépare le corridor et la salle commune s'ouvre.

Prieur

Thomas! Les gars veulent te voir.

De Lorimier

J'arrive.

Pour sa femme :

De Lorimier

Viens, ce sera pas long.

Henriette

J'aime mieux t'attendre ici.

B) Au bout de la table, Hindelang lève son verre pendant que De Lorimier prend place à l'autre bout. Par le vasistas, les journalistes suivent toute la scène.

De Saint-Ours

This is De Lorimier.

Hindelang

Prends-toi un verre, Thomas.

Hindelang lève son verre pour porter un toast.

Hindelang

Chers amis... à l'indépendance... À bas le tyran... Vive la liberté !

Les gars lèvent leurs verres et boivent un coup.

Hindelang

Thomas !

De Lorimier

Mes amis, je bois à tous ceux qui à travers le monde se battent pour la liberté, à tous ceux qui préfèrent mourir debout plutôt que de vivre à genoux ! À nous tous !

Second toast. Dans le corridor, Saint-Ours referme le vasistas. Les journalistes se regardent, perplexes.

Séquence 44

Dans la cellule de son mari, Henriette tourne en rond comme une bête en cage. Son visage se défait lentement. Elle chavire. Arrivée de De Lorimier.

Henriette

Ça s'peut pas... J'peux pas... j'veux pas... j'vais dev'nir folle...

De Lorimier

Écoute, Henriette... r'prends-toi... Henriette... Henriette...

Henriette

Qu'est-ce que je vais faire sans toi ? J'pourrai plus jamais te toucher, te sentir... te tenir dans mes bras... Plus jamais... Jamais... Non. Non. Non.

De Lorimier
Rends-moi pas les choses plus difficiles... Écoute-moi, Henriette...

Henriette
Non, j'veux pas t'écouter... J'les laisserai pas te faire du mal... J'les laisserai pas me faire du mal... Ils veulent nous détruire... j'vais m'battre... comme une chienne... avec mes pieds... avec mes ongles... avec mes dents... Je t'aime... Est-ce que tu comprends ça? J't'aime... J't'aime... J't'aime... Comment j'vas faire pour vivre si tu meurs... Moi, je suis toi... Toi, tu es moi... Tu fais partie de moi... J'les laisserai pas m'arracher des morceaux de moi-même... Ce sont des monstres... J'vais me défendre... les mordre... leur déchirer le visage... J'vais leur crever les yeux...

Thomas devient soudain plus violent, il la prend par les épaules et la brasse.

De Lorimier
Écoute-moi... arrête... arrête, j'te dis... On peut rien y faire...

Henriette
Non. T'as pas le droit de te laisser faire... Faut qu'tu vives... Pour moi... Pour tes enfants... Pour toi... Tu m'entends... Il le faut!

De Lorimier

Arrête... C'est trop tard... J'ai besoin de toutes mes forces... pour affronter ça... dignement... Aide-moi... J't'en supplie... aide-moi !

Séquence 45

Dans la salle commune, les gars finissent de ranger. Le repas est terminé. On se prépare pour la nuit. Laberge, Primeau, Dumouchel et Harkin discutent avec le cousin de De Lorimier.

Le cousin

À Londres, le gouvernement a vendu huit cent mille acres de terre... à la British North American Land Company...

Laberge

Combien ?

Le cousin

Huit cent mille acres...

Laberge

Où ça ?

Le cousin

Dans la vallée d'la rivière Saint-François.

Laberge

C't'écœurant.

Le cousin

Vingt mille acres aussi, dans le bout de Québec, à la Quebec and Megantic Land Company.

Les hommes sont abasourdis.

Le cousin

À part de ça, Simon McTavish vient d'acheter toutes les terres d'la seigneurie de Terrebonne.

Harkin

McTavish ? La charogne de la North West Company ?

Le cousin

Faut bien qu'y investisse l'argent qu'y a volé dans la fourrure.

Laberge

Qui c'est qui va les arrêter ?

La porte s'ouvre. Monsieur de Saint-Ours entre, suivi d'un officier britannique et du fonctionnaire de service.

De Saint-Ours

Hindelang... De Lorimier... Vu les circonstances... les autorités de la prison ont décidé de prolonger la visite jusqu'à dix heures... les autres, en cellule...

Le soldat

Okay, everybody... back to your cells. Okay, everybody let's go... Com'on... Laberge... Let's go!

Pendant que les gars se dirigent vers leurs cellules poussés par le gardien, De Saint-Ours et l'officier ressortent.

Le soldat

Come on Primeau... move...

Primeau

Correct... Correct... la tête carrée, on a compris... pas obligé d'nous pousser d'sus... on n'est pas des animaux... ça ira pas plus vite.

Le soldat

Let's go, Primeau...

Séquence 46

Dans sa cellule, De Lorimier est couché sur la paillasse de Prieur. Blottie contre lui, Henriette l'écoute.

De Lorimier

La seule chose que j'regrette... c'est de pas t'avoir aimée... assez...

Henriette lui met un doigt sur la bouche.

Henriette

Chut!

De Lorimier

Non, c'est vrai... Quand j't'ai rencontrée... y avait qu'toi... Y a rien d'autre qui m'intéressait... quand j'te voyais, j'venais tout à l'envers... j'me mettais à bafouiller... Après ça... j'me suis embarqué dans la politique... j'ai été pris dans le tourbillon. Est-ce que tu me pardonnes?

Henriette lui touche de nouveau les lèvres.

Henriette

Chut!

De Lorimier

Est-ce que tu me pardonnes... de pas t'avoir aimée... comme il faut?

Henriette

J'ai rien à te pardonner... J'savais qu'c'était important pour toi... que c'était toute ta vie... j'ai toujours vécu avec toi une histoire d'amour... comme j'en rêvais quand j'étais jeune...

De Lorimier

J'partais à tout bout de champ... j'courais à l'année longue d'un bout à l'autre du pays... J't'ai laissée élever les enfants quasiment toute seule...

Henriette

C'était ma façon à moi de me battre...

De Lorimier

Je regrette de ne pas les avoir vus grandir...

Henriette

C'pas vrai... Tu t'en es toujours bien occupé...

Silence.

Henriette

Embrasse-moi.

Séquence 47

Dans la cellule 1, les frères Yelle s'installent tant bien que mal pour la nuit. Eux, ils ont des couvertures mais pas de paillasse. Jacques est déjà couché. Jean place sa couverture. Jacques rêvasse.

Jacques Yelle

Un litte, mon vieux... avec des draps... blancs... frais r'passés... qui sentent encore le vent... pis le savon... deux couvartes de laine... non trois... d'la belle laine du pays.... pis un beau couvre-pieds... avec des p'tites fleurs... saint-chrême de saint-chrême!... Quand est-ce qu'y vont s'décider à nous donner des paillasses...

Jean Yelle

Arrête de penser à ça. C'est jusse pour nous écœurer. Continue à rêver...

Jacques Yelle

Un bon litte de plumes... épais d'même... avec la bonne femme à côté qui dort... les ch'veux défaites... pis là tu t'colles... pis c'est chaud... pis t'es ben... saint-chrême!

Jean s'enroule dans sa couverture. Avec un bout de tissu, il s'attache les pieds ensemble: vieux truc pour que la couverture reste en place toute la nuit. Après un moment de silence:

Jacques Yelle

J'sais pas qui ça va être, les prochains...

Le silence de nouveau.

Séquence 48

Dans la salle commune, Charles Hindelang tourne en rond comme un fauve en cage. Son ami Lévesque le regarde tourner. Dans un coin, la famille de De Lorimier attend en silence. Le gardien ouvre la porte. L'abbé Marier, Alphonse Marier, l'aumônier de la prison, fait son entrée. On referme la porte. Lévesque se précipite pour lui serrer la main.

Lévesque

Bonsoir, le père...

Marier

Salut, Guillaume.

Hindelang

Salut, l'abbé.

Marier

Salut, Charles. J'ai appris ça ce soir... J'suis venu aussitôt que j'ai pu... Je r'grette.

Hindelang

C'est juste un mauvais moment à passer... comme on dit...

Marier

Est-ce que je peux t'aider...

Hindelang

Vous connaissez mes idées...

Marier a l'air désolé.

Marier

Et Thomas, qu'est-ce qu'il a d'l'air?

Lévesque

Là... Y est avec sa femme... Ça a l'air dur... ben dur...

Marier

Quelle misère!

Lévesque

Avez-vous vu les autres?

Marier

J'ai vu Daunais et puis Narbonne... Lui, ça va... y est enragé comme toujours... c'est Daunais qui m'inquiète. Il est comme un oiseau blessé... tout recroquevillé dans son coin... dans ses yeux... y a toute la peur du monde...

Lévesque

Batinse... de batinse!

Marier

Il m'a parlé d'ta sœur... Il s'accroche à ça pour pas couler...

Séquence 49

Dans sa cellule, Thomas tient sa femme dans ses bras. Henriette tient à la main son mouchoir de soie. Il lui flatte les cheveux, sa tête appuyée sur la sienne. Les yeux fermés, Henriette somnole paisiblement. Ils ne disent mot. La porte de la cellule s'entrouvre. Une tête apparaît, discrète. C'est la sœur de Thomas. Derrière elle, le cousin et la cousine, l'abbé Marier, Saint-Ours et l'officier de tantôt. Plus deux soldats. Après un temps, la sœur risque.

La sœur

Henriette... Il est dix heures...

Un hurlement de bête blessée lui répond.

Henriette

Non ! Non !

De Lorimier

Allez, Henriette...

Henriette s'agrippe à Thomas, de toutes ses forces.

Henriette

Non !

De Lorimier

C'est fini, Henriette... Faut partir...

Henriette

Jamais !

De Lorimier

Henriette !

Henriette

Jamais j'te laisserai... J'aime mieux mourir...

La sœur de De Lorimier entre dans la cellule avec sa cousine et son cousin. Elle prend Henriette par les épaules. Hurlement.

Henriette

Touche-moi pas... Non...

La sœur

Viens, Henriette... Faut partir...

Henriette

Non... j'reste... Touche-moi pas...

La sœur

Viens...

De Lorimier

C'est fini... Henriette... Faut qu'tu partes...

Henriette

Non ! Les enfants, Thomas... les enfants.

La sœur de De Lorimier la lâche. De Lorimier, sans grande force, essaie de se dégager. Rien n'y fait. Henriette continue de hurler.

Henriette

Non! Non! Thomas!... Non!

De Saint-Ours

Madame... On vous a déjà donné deux heures de plus... Maintenant, y faut partir... Forcez-moi pas à prendre d'autres mesures...

Henriette, en larmes, folle de rage, s'accroche toujours.

Officier

Come on, it's over... let's go... your time is up...

Henriette ne cesse de hurler.

Officier

Guards... get her out of here.

Les deux soldats entrent dans la cellule et tentent de séparer l'homme et la femme. Henriette hurle et résiste.

Henriette

Non! Non! Non! Lâchez-moi! Lâchez-moi. Non! Non!

Henriette se débat comme une démone.

Officier

Take this woman out... it's an order... move it.

Henriette griffe, mord et s'accroche. Dans le corridor, l'abbé Marier, qui n'en peut plus :

Marier

Lieutenant Elliott... c'est sa femme... s'il vous plaît... arrêtez ça...

Les deux soldats continuent de tirer et Henriette de se défendre. Et soudain, elle s'écroule. Sans connaissance. Le mouchoir de soie choit sur le sol. Les deux soldats la lâchent. La sœur de De Lorimier se précipite sur elle. Elle lui dégage le cou et lui touche la carotide.

La sœur

Elle a perdu connaissance.

Officier

Pick her up and get her out of here.

La sœur de De Lorimier lui hurle :

La sœur

Vous, j'veux plus vous entendre... Plus un mot... On va s'en occuper nous-mêmes.

Debout, De Lorimier, livide, regarde sa femme. Puis il la soulève de terre et l'emporte dans la salle commune vers la porte. On déverrouille la porte et De Lorimier donne sa femme à son cousin.

De Lorimier

Je vous en prie, vite... Emmenez-la avant qu'elle reprenne connaissance... Vite...

On reste sur Thomas, en entendant le brouhaha qui s'ensuit. Il l'embrasse une dernière fois. Il murmure.

De Lorimier

Adieu, Henriette... Adieu... Mon bel amour... Adieu pour toujours.

Clang! La porte vient de se refermer. À double tour.

Séquence 50

Dans sa cellule, Prieur regarde son ami De Lorimier, assis au pied du mur, les bras tenant ses genoux repliés. Pas un mot. Thomas, en position fœtale, fixe le mur, comme perdu en lui-même. Parfois, il ferme les yeux puis il les ouvre de nouveau. Une souffrance intense se lit sur son visage. Il revit les moments douloureux de la visite de sa femme. Tout se passe en silence. Seuls bougent les yeux, les muscles de la mâchoire et ceux du cou. Violemment, il aspire l'air, deux ou trois fois de suite.

Puis, comme s'il se parlait à lui-même :

De Lorimier

Le plus dur est passé.

Il se lève et découvre le mouchoir de soie de sa femme. Il le ramasse et le porte à ses lèvres.

Séquence 51

Hindelang est étendu par terre dans sa cellule, les deux mains derrière la tête. Son manteau lui sert d'oreiller. Il rêvasse, les yeux fixés sur le plafond. En face de lui, assis dos au mur, Guillaume Lévesque l'écoute.

Hindelang

La vieille Madame Champenois, avec ses ch'veux blancs tirés en arrière... J'étais allé lui dire bonjour avant de partir... Elle était sortie sur le p'tit ch'min qui passe à côté d'sa maison... avec son chien... un p'tit chien blanc et noir... presqu'aussi vieux qu'elle... On s'est embrassés... Elle m'a dit de faire attention à moi... Je suis parti... J'me suis retourné une ou deux fois en m'en allant... Elle était toujours là, toute courbée, toute blanche au travers d'la verdure... les arbres... ça faisait comme une église autour... J'savais que j'la reverrais jamais.

Lévesque

La façon qu't'en parles... On dirait que j'la vois.

Hindelang

Elle est morte l'année passée... C'est le dernier souvenir que j'ai de mon village...

Séquence 52

Dans le corridor, le garde ouvre la porte de la cellule de De Lorimier. Le curé Marier entre dans la cellule.

De Lorimier

Comment ça s'est passé?

Marier

Bien... très bien... Xavier... Ça te dérangerait pas... d'aller nous attendre dans le corridor?

Prieur

Non... Non... Pas de problème.

Xavier sort. Le garde referme la porte.

Marier

Quand on l'a mise dans la carriole, elle était pas encore revenue à elle...

De Lorimier

Quand elle va s'réveiller, ça va être terrible.

Marier

L'important, c'est qu'elle est pas toute seule.

De Lorimier

Tout ça, c'est à cause de moi... et j'peux rien y faire... rien... j'suis là... je regarde souffrir les gens que j'aime... j'peux rien y faire... Je suis impuissant... Impuissant et tout seul...

Marier

Non, Thomas... t'es pas tout seul. Il est là, lui...

Marier lève les yeux vers le ciel.

Marier

Tu veux-tu qu'on prie ensemble?

Thomas fait un signe de tête affirmatif. Marier s'agenouille le premier, rapidement suivi de Thomas. Les deux hommes joignent leurs mains. Marier se met à prier très lentement, en pesant chacun de ses mots.

Marier

Mon Dieu... toi qui portes... toute la souffrance des hommes... le poids de nos angoisses... donne-nous la force de mourir dignement... Mon

Dieu... tu es mort, toi aussi, sur le gibet... comme un criminel... écoute notre cri de détresse... fais que notre mort ne soit pas inutile... accueille-nous dans ton paradis... là où toute souffrance est abolie... Notre Père qui êtes aux cieux... que votre nom soit sanctifié... que votre volonté soit faite sur la terre comme au ciel... (etc.).

Avec le début du Notre Père, Thomas récite lui aussi. Rendu à « Pardonnez-nous nos offenses... comme nous pardonnons à ceux qui nous ont offensés », Thomas arrête sa prière.

De Lorimier

Ça, mon père, j'peux pas... je peux pas pardonner à nos ennemis... Jamais... Jamais j'pourrai leur pardonner tout c'qu'y nous ont fait depuis quatre-vingts ans... Dieu peut pas me d'mander une chose comme ça...

Marier

J'te comprends, Thomas... J'pense que Dieu va s'organiser avec ça...

De Lorimier

Y a le pardon, mon père... mais y a aussi la justice...

Séquence 53

Dans le corridor de la wing, Prieur marche de long en large. Au bout, près de la porte, le soldat anglais monte la garde, nonchalamment. Simon Payeur, de sa cellule, suit la scène avec un bout de miroir passé au travers des barreaux.

Payeur

Psst... Psst... Xavier... C'est Simon... Comment cé qu'il est?

Prieur

Y a l'air ben calme... Y est avec le curé.

Payeur

C'est qui c'te curé-là? C'tu un vendu?

Prieur

Non, non, lui c'est jusse un p'tit curé, y est d'notre bord... Lui, les mandements de Monseigneur Lartigue, y se torche le cul avec...

Payeur

Maudit évêque... de têteux d'*goddam* à marde.

Une voix s'élève d'une autre cellule.

Dumouchel

Parlez pas contre la religion.

Payeur

On parle pas contre la religion, on parle contre c'te charogne en soutane qui couche avec le gouverneur.

Payeur change d'accent en imitant la charogne en soutane.

Payeur

Soumettez-vous... Toute autorité vient de Dieu... Ceux qui se révoltent seront excommuniés... La paix... la paix... Rien n'est plus important que la paix...

Reprenant sa voix normale :

Payeur

C'est ça... nous autres, faut garder la paix, pis eux autres, y gardent le pouvoir.

Séquence 54

Le père Marier, assis sur ses talons, dos au mur, donne l'absolution à De Lorimier, qui vient de terminer sa confession. Il le bénit.

Marier

Dominus noster Jesus Christus te absolvat : et ego auctoritate ipsius te absolvo ab omni vinculo excommunicationis, et interdicti, in quantum possum, et tu indiges. Deinde ego te absolvo... a peccatis tuis... In nomine patris... et filii... et spiritus sancti... Amen.

Thomas fait le signe de croix. Le père Marier se relève. Il aide Thomas à se relever. Les deux hommes se serrent la main.

De Lorimier

J'vous r'mercie... mon père... Merci d'être v'nu...

L'abbé Marier l'attire vers lui. Les deux hommes se serrent l'un contre l'autre.

Marier

C'est moi qui te r'mercie... Thomas... Y a tellement peu de monde qui se tiennent debout...

Les deux hommes continuent de se serrer, l'un l'autre, en silence. Puis se séparent. Marier frappe dans la porte de la cellule.

Marier

Garde...

Après quelques instants, la porte s'ouvre. En sortant, Marier se retourne.

De Lorimier

En dehors, ça l'air de quoi?

Marier

Bien... Cinq encore, ce mois-ci... ça donne un méchant coup... Faudrait pouvoir répondre à ça... mais, tu sais, quand la peur s'installe...

De Lorimier

Pas de protestations?

Marier

Pas encore... les gens se contentent de serrer les dents... y s'rentrent la tête dans les épaules en attendant qu'la tempête passe. De l'autre côté, t'as les modérés et tous ceux qui profitent du régime, qui accusent les patriotes d'être des extrémistes, d'être responsables du désastre.

De Lorimier

Comme toujours, c'est ceux qui gagnent qui vont écrire l'histoire... Pour les lâches, se battre pour la liberté, c'est toujours extrémiste...

Le silence se fait.

Marier

Courage!

Prieur se glisse dans la cellule. On referme la porte.

Séquence 55

Avec un autre bout de miroir, Osias Primeau, dans sa cellule, suit le départ du prêtre. Quand la porte de la wing a été barrée, Primeau regagne sa paillasse et s'étend sans dire un mot. Il réfléchit, les yeux ouverts, dans le noir. Dos à lui, recroquevillé en chien de fusil, est étendu le vieux Lécuyer. Dort-il? Non. Lui aussi, les yeux ouverts dans le noir, semble réfléchir.

Séquence 56

Debout face à la porte, le papier appuyé sur celle-ci, De Lorimier rédige son testament. Il s'arrête parfois quelques instants pour réfléchir puis reprend le fil de son texte. Au fond de la cellule, Prieur, étendu sur le dos, fait semblant de dormir. Il jette un coup d'œil de temps à autre sur son ami.

De Lorimier

À la veille de rendre mon esprit à son Créateur, je désire faire connaître ce que je ressens et ce que je pense. Je meurs sans remords. Je ne désirais que le bien de mon pays dans l'insurrection et l'indépendance. La mort a déjà décimé plusieurs de mes collaborateurs. Beaucoup gémissent dans les fers, un plus grand nombre sur la terre d'exil avec leurs propriétés détruites, leurs familles abandonnées sans ressources aux rigueurs de l'hiver.

Malgré tant d'infortune, mon cœur entretient encore du courage et des espérances pour l'avenir, mes amis et mes enfants verront de meilleurs jours, ils seront libres, ma conscience tranquille me l'assure. Je laisse des enfants qui n'ont pour héritage que le souvenir de mes malheurs. Pauvres orphelins, c'est vous que je plains. Le seul crime de votre père est dans l'irréussite. Quant à vous, mes compatriotes, mon exécution et celle de mes compagnons d'échafaud vous seront utiles. Puissent-elles vous démontrer ce que vous devez attendre du gouvernement anglais!... Je n'ai plus que quelques heures à vivre, et j'ai voulu partager ce temps précieux entre mes devoirs religieux et ceux dus à mes compatriotes; pour vous, je meurs sur le gibet de la mort infâme du meurtrier, pour vous, je me sépare de mes jeunes enfants et de mon épouse, et pour vous, je meurs en m'écriant: *Vive la liberté, vive l'indépendance!*

Chevalier De Lorimier

Séquence 57

Dans sa cellule, Hindelang marche de long en large. Il s'arrête, n'arrive pas à se réchauffer. Est-ce le froid? Est-ce...? Il se remet en marche. Pour rien. Pour bouger. Pour éviter de penser. Pour s'exténuer. Pour s'étourdir. Il respire profondément.

Séquence 58

Toujours appuyé sur la porte, De Lorimier écrit une nouvelle lettre. Xavier le suit toujours des yeux.

De Lorimier

Dans le peu de temps qui s'est écoulé depuis le jour de notre union sacrée jusqu'à ce jour, tu m'as rendu, ma chère femme, vraiment heureux. Je ne te verrai plus dans ce monde. Mais toi, ma chère Henriette, tu pourras me voir encore une fois, mais alors mon corps sera froid, inanimé, défiguré. Sois donc heureuse, ma chère et pauvre femme, c'est le vœu le plus ardent de mon âme. Tu dois prendre courage. Il faut que tu vives pour l'amour de nos chers petits enfants. Adieu, ma tendre femme, encore une fois adieu. Vis et sois heureuse. Ton malheureux mari. Thomas.

Thomas termine sa lettre, la plie et la met dans sa poche du côté du cœur.

De Lorimier

Tu dors pas?

Prieur

Non... J'aime mieux rester avec toi.

Séquence 59

Dans la salle du fond, Dumouchel dort à poings fermés. Dans un coin, à la lueur d'une bougie, Girouard termine le dessin de l'exécution des cinq patriotes.

Séquence 60

Dans sa cellule, Hindelang est plus calme. Il marche de long en large, les mains dans le dos.

Lévesque

Quel âge qu'elle a, ta mère?

Hindelang

Soixante-sept ans.

Lévesque

La pauvre... Ça va y donner un méchant coup...

Hindelang

J'suis content au fond qu'elle soit pas ici.

Silence.

Hindelang

On s'entendait pas tellement... Mais j'sais qu'elle m'aimait beaucoup... C'était peut-être ça, le problème... J'ai toujours fui... j'sais pas pourquoi... C'était plus fort que moi... Dans quelques heures, je vais crever sans avoir le temps d'la voir... Nom de Dieu, de nom de Dieu, de nom de Dieu !...

Silence.

Hindelang

Je l'aimais... ma mère.

Séquence 61

Étendu sur le dos, les mains derrière la tête, Thomas soliloque, les yeux fixés au plafond. Couché sur le côté, la tête dans la main, Prieur écoute son ami. Il l'accompagne en silence. Il se contente d'être présent.

De Lorimier

Tous les jours depuis qu'j'ai des enfants... j'pense à la mort... tous les jours... Ça m'arrive chaque fois que j'les regarde... Mais Hélène, mon vieux... quand elle rit... quand j'y donne des p'tits becs dans le cou... c'est fantastique...
T'oublies tout... C'est comme des p'tites cloches... de l'eau de source... sur les roches... au printemps. Pour quelques instants, la mort, ça existe plus... C'est ça l'éternité... j'pense... un tout p'tit rire.

Thomas se tait quelques instants. Il continue à fixer le plafond. Il ne regarde même pas son ami, pour vérifier s'il écoute. Il est sûr que l'autre écoute, même s'il reste muet. Et Prieur garde le silence. Il écoute le silence de De Lorimier.

De Lorimier

Si t'es pas attentif à ça... tu passes à côté... tu manques quèque chose d'la vie...

Le silence se fait de nouveau. Prieur n'en perd pas une once.

De Lorimier

Lui Jules, c'que j'vais me rappeler, c'est quand il se couchait sur le ventre... Il relevait son chandail. Il me disait... «Papa, papa... frotte-moi le dos... s'il vous plaît.» Moi, j'fondais, j'pense... T'es là... c'est comme si t'avais toute la douceur du monde... au bout des doigts... C'est doux... C'est chaud... Lui, il vient tout mou... Y est en train de faire l'apprentissage d'la tendresse...

De Lorimier ferme les yeux. Court silence.

De Lorimier

Pis toé aussi, t'es en train d'apprendre la tendresse.

Silence.

De Lorimier

Dans ses yeux... il y a une p'tite flamme qui s'allume... Ça brille, mon vieux...

Prieur acquiesce en silence, un peu gêné. Thomas revient à son plafond.

De Lorimier

Faut pas s'éloigner trop de son enfance... C't'important... En vieillissant... on a tendance à oublier... avec tous les problèmes... on devient affreusement sérieux... Fais attention à ça, Xavier. Faut s'battre... mais faut pas arrêter de rire... faut pas arrêter de r'garder le soleil...

Séquence 62

Hindelang, étendu, fixe le plafond, un peu apeuré. Il se retourne vers Lévesque, qui le regarde avec compassion.

Lévesque

Ça va, Charles?

Hindelang acquiesce.

Séquence 63

Prieur, étendu, lutte contre le sommeil. Il regarde son ami assis le long du mur. De Lorimier fixe le mouchoir de soie d'Henriette qu'il tient dans ses mains. C'est toute sa vie et toute sa mort qu'il contemple. Il serre le mouchoir et le porte à son nez. Il respire à fond. Il y appuie sa joue pour y trouver de la tendresse. Prieur s'est endormi.

Séquence 64

Dans sa cellule, le vieux Laberge contemple la lune à travers les barreaux. Payeur ronfle à ses côtés. Laberge réfléchit. Payeur se réveille.

Payeur
Qu'esse tu fais, tu dors pas?

Laberge
Non.

Après un temps:

Laberge
J'pense aux huit cent mille acres de terre...

Payeur
Tu penses trop... Si tu veux t'en sortir, faut pas penser trop.

Laberge
C'est plus fort que moé... Si y a pus de terre, ousse

qu'y vont aller mes garçons?... Y vont aller travailler dans 'é chantiers... comme des esclaves? Y vont s'expatrier aux États... dans 'é *factries* d'cotton?

Payeur

Arrête de penser, j'te dis... pis raconte-moi des histoires... Y faut qu'on tue le temps, sans ça c'est le temps qui va nous tuer.

Séquence 65

Charles Hindelang et De Lorimier se parlent mais ne se voient pas. Face à la porte, chacun parle et écoute dans le vide, pour ainsi dire, sans voir l'autre.

Hindelang

Moi, j'ai jamais rien fait de bon, Thomas. Et si j'vous avais pas rencontrés... J'aurais perdu ma vie... Si j'm'étais pas battu avec vous... Si j'avais pas souffert avec vous... j'aurais vécu pour rien... j'serais mort... pour rien. Avec vous... j'suis enfin sorti de moi-même... Pour la première fois de ma vie... il y avait quelqu'un qui comptait sur moi... Pour la première fois de ma vie... j'faisais partie de quelque chose de plus grand... que moi... C'est là que j'ai commencé à être... Votre résistance... votre lutte, c'est ça qui m'a permis d'exister. Pour la première fois de ma vie... j'étais avec des gens... qui n'me jugeaient pas... même si j'étais différent.

Hindelang se tait. De Lorimier ne répond pas. Les gars qui ne dorment pas écoutent la conversation entre les deux hommes, surtout Brien.

Hindelang

Tu r'grettes pas?

De Lorimier

Pantoute... De toute façon... y a plus rien à r'gretter...

Silence. Brien accuse le coup.

De Lorimier

Y s'agit plus de savoir si on va vivre ou si on va mourir... Tout c'qui nous reste... C'est d'choisir... comment... on va mourir...

Silence. Hindelang écoute.

De Lorimier

Tout ce que j'espère, c'est que le monde nous oublie pas... Qu'y apprennent de nos erreurs... pis qu'y arrivent à s'unir... pour une fois... jusse une fois... pour pas qu'on soit morts pour rien.

Brien s'écrase dans un coin, en larmes. Lewis Harkin le regarde d'un air de mépris et crache par terre.

Séquence 66

Dans sa cellule, Hindelang se souffle dans les mains pour se réchauffer. Il bat des bras. Sautille sur place. La porte s'ouvre. C'est Joseph le débile avec le thé et le pain.

Hindelang

Ben! C'est pas trop tôt... On se gèle le cul dans ta baraque... Laisse faire pour le pain... Et puis non... donne-le-moi quand même... Les gars vont s'arranger avec...

Lévesque prend son thé et son pain.

Lévesque

Merci.

On referme la porte. Les deux hommes boivent leur thé en silence. Dans la vapeur du thé brûlant, Hindelang se réchauffe les mains sur le gobelet.

Séquence 67

Dans la cellule de De Lorimier, le père Marier est penché sur une petite nappe blanche. Sur la nappe, il y a une assiette avec quelques tampons d'ouate pour essuyer les onctions, un peu de mie de pain, une tasse d'eau, une serviette, un minuscule ciboire, un pot d'huile sainte. Thomas est debout, les mains tendues, paumes en l'air. À côté de lui, Prieur tient un cierge allumé. Le père Marier se relève. Il prend l'huile sainte et, avec le pouce, fait une onction sur les yeux de Thomas.

Marier

Per istam sanctam unctionem et suam piissimam misericordiam indulgeat tibi Dominus quidquid per visum deliquisti.

Prieur

Amen.

Avec un peu d'ouate, il essuie les traces d'huile. Puis fait une onction sur les oreilles, en répétant un peu plus bas la même formule.

Prieur

Amen.

Ensuite, les narines, les lèvres, les mains. Puis Marier se penche pour une dernière onction sur les pieds, tout en répétant tout bas la formule de départ. Puis :

Marier

Kyrie eleison. Christe eleison. Kyrie eleison.

Séquence 68

Dans le corridor. On ouvre les portes les unes après les autres. Les gars sortent, doucement, en silence. Les gars se mettent en ligne pour les toilettes.

Séquence 69

Dans sa cellule, De Lorimier est agenouillé. Il se frappe la poitrine. Marier est debout face à lui, une hostie à la main.

De Lorimier

Domine, non sum dignus, ut intres sub tectum meum : sed tantum dic verbo et nasabitur anima mea.

Marier

Corpus Domini nostri Jesu Christi custodiat animam tuam in vitam aeternam. Amen.

Marier lui donne l'hostie. Thomas, les yeux fermés, se recueille.

Séquence 70

Dans sa cellule, Hindelang, assis dans un coin, semble méditer sur son pain. Il le prend soudain.

Doucement, il le palpe et commence à le manger. D'abord lentement... puis avec une espèce de rage joyeuse.

Séquence 71

Deux soldats, dont McDonald, montent la garde dans la cellule de De Lorimier. Prieur finit de raser De Lorimier. McDonald ne manque rien de l'opération. Thomas s'essuie ensuite le visage pour faire disparaître les dernières traces de mousse.

De Lorimier se tourne. Avec le rasoir, Prieur coupe la longue couette de De Lorimier.

Prieur

Les gars vont être contents...

Ensuite il place les cheveux dans une enveloppe grossière faite d'une feuille de papier pliée. Puis, avec sa main, il peigne son ami du mieux qu'il peut. Il regarde son œuvre. Replace quelques mèches.

Puis il relève le col de chemise de Thomas et place le foulard blanc qui sert de cravate. Il s'applique du mieux qu'il peut pour faire le nœud.

De Lorimier

Laisse d'la place pour la corde.

Séquence 72

Un soldat anglais attache les mains de Hindelang dans le dos. Ce dernier cherche son courage pendant que la porte est encore fermée. La porte s'ouvre. Hindelang reprend son sourire, il s'avance dans le corridor. En face de lui, De Lorimier sort à son tour. Les deux hommes se rencontrent au milieu du corridor. Ils se regardent intensément puis se donnent l'accolade, les mains attachées dans le dos. Thomas glisse à l'oreille de Hindelang à voix basse :

De Lorimier

Courage.

Hindelang

On va leur montrer... comment meurent des Français...

Les yeux fermés, les deux hommes se collent le visage l'un sur l'autre. Ils se séparent. Se regardent face à face. Hindelang reprend son sourire.

Séquence 73

Marier

Au nom du Père et du Fils et du Saint-Esprit. Ainsi soit-il.

Dans la salle commune, tout le monde est agenouillé. Tout le monde, sauf Hindelang qui reste debout. Mais respectueux, le regard baissé. De Lorimier est là aussi, à genoux parmi ses compagnons. Marier lit dans son missel.

Marier

Doux Jésus, je ne refuse pas votre croix, je ne refuse pas la part que vous me donnez à votre calice amer. Mais, Seigneur, vous connaissez ma faiblesse, aidez-moi, soutenez-moi...

La porte de la salle commune s'ouvre brutalement. Deux soldats anglais entrent en coup de vent, suivis du shérif.

Marier

Messieurs... voulez-vous nous laisser terminer... s'il vous plaît...

La remarque est dite sur un ton ferme. Le shérif retient ses soldats.

Marier

Seigneur, vous connaissez ma faiblesse, aidez-moi, soutenez-moi, fortifiez-moi afin que non seulement je ne succombe pas sous le poids de ma croix, mais que je la porte à votre suite, avec courage et persévérance jusqu'au sommet du calvaire pour y être crucifié et y mourir avec vous. Au nom du Père, et du Fils et du Saint-Esprit. Ainsi soit-il.

Les gars se relèvent. À tour de rôle, on embrasse les deux condamnés. On se serre les uns contre les autres. Au bord des larmes, mais en toute dignité. Adieu. Adieu, mon père. Courage. Simon Payeur joue du piccolo. Lévesque fouille dans la poche de Hindelang. Une lettre.

De Lorimier

Je suis prêt.

On tire les deux hommes dans le corridor. On referme la porte. Tout est silence. Lévesque ouvre la lettre de Hindelang. Il lit.

Lévesque

La cause pour laquelle on me sacrifie est noble et grande. J'en suis fier et ne crains pas la mort. Le sang versé sera lavé par du sang.

Jacques Yelle s'approche du poêle et s'empare d'un chaudron. Il frappe sur le poêle. Son frère s'empare d'une gamelle en tôle et martèle le mur de pierre. Chacun se met à faire du bruit avec ce qui lui tombe sous la main : banc, bottine, bûche, ustensiles.

Séquence 74

À l'extérieur de la cellule, on fait les derniers préparatifs. C'est McDonald qui fait boire le dernier rhum à De Lorimier. Leurs regards se croisent à peine. McDonald est mal à l'aise. McDonald inspecte les liens de De Lorimier. Il découvre le petit mouchoir de soie que De Lorimier tient à la main. Il tire, mais De Lorimier résiste...

McDonald

What's that?

Hindelang

C'est le mouchoir de sa femme.

McDonald

What?

Hindelang

Le mouchoir de sa femme.

De Lorimier a lâché prise. McDonald inspecte le mouchoir. De Lorimier et McDonald se regardent. Des yeux, De Lorimier le supplie. Le soldat remet le mouchoir dans les mains du condamné. De Lorimier le regarde intensément.
Il veut parler. Mais rien ne sort. Son merci passe dans son regard. Thomas serre son mouchoir avec passion.

Séquence 75

A. Salle commune   B. Cour de la prison

A. Dans la salle commune, le vacarme continue. Grimpé sur les épaules de Jacques Yelle, Guillaume Lévesque est accroché aux barreaux de la petite fenêtre. De son point de vue, il peut voir la cour.

Lévesque
C'est Nicolas. Y est blanc comme un drap.

B. Nicolas traverse la cour, les mains attachées dans le dos, encadré par deux soldats anglais. Amable Daunais sort à son tour. Mais il se trouve bientôt incapable de marcher ; les deux soldats anglais doivent le soutenir. Ils le traînent à travers la cour.

Lévesque
Amable... Amable... Amable...

D'une des cellules, son ami hurle son nom. Daunais tourne la tête en direction de la fenêtre d'où provient le cri.

A. Dans la salle commune, Lévesque continue à hurler, accroché aux barreaux.

Lévesque
Amable... Faut pas les laisser gagner, ces

goddam-là... On n'a pas le droit, Amable... Pense à Louise... Amable.

B. Les deux soldats continuent à traîner Daunais, qui écoute la voix d'un air hagard.

Lévesque

Pense à Louise... Amable.

Soudain le visage de Daunais change. Celui-ci se redresse. Il se remet à marcher d'un pas mal assuré.

Daunais

Lâchez-moé... chu capable de marcher tout seul.

Les deux soldats anglais le lâchent. Il marche seul. Un peu chancelant mais seul.

Daunais

Guillaume... Tu y diras... qu'chu mort comme un homme... Adieu, Guillaume... On se r'verra en haut... un jour...

A. Accroché dans la fenêtre, Lévesque hurle.

Lévesque

Courage, Amable... Courage... Un jour, y vont payer...

Il sanglote. Dans la cellule, le concert de casseroles continue. On s'attarde sur eux.

Lévesque

V'là Narbonne... Y a l'air enragé... Arrêtez-vous...

B. Narbonne s'approche. On a attaché sa main unique dans le dos. Il engueule ses gardes. Il crie à l'adresse de tous les détenus de la prison. Il hurle de rage.

Narbonne

On avait raison de s'révolter... Moé... Y m'ont tout pris... y m'ont pris ma femme, y m'ont pris ma maison... y m'ont pris ma terre... Y m'ont pris mon pays... Pis aujourd'hui, y vont m'prendre ma vie. Mais un jour y vont payer pour ça... Un jour on va... les faire payer... Un jour, on va s'venger... Un jour on va r'prendre c'qu'y nous ont volé c'te race de chiens... Un jour on va les pogner par la poche pis y vont payer... les bâtards. On va les avoir... On va les avoir... On va les avoir...

Derrière vient Hindelang souriant, hautain, un peu surexcité. Il nargue en silence ses deux gardiens tandis que Narbonne continue à taper sur le même clou.

Puis, enfin, De Lorimier qui marche en silence, très dignement. Il lève les yeux vers le ciel. Un petit soleil froid perce la neige qui tombe. Un petit soleil froid comme un adieu à la vie. Il serre toujours dans ses mains le mouchoir de soie.

De Lorimier arrive au pied de l'escalier qui conduit à l'échafaud. Il s'arrête un court moment. Un court moment de panique. Il se reprend cependant et gravit les marches lentement.

A. Les hommes sont maintenant hors de sa vue. Guillaume prend son bout de miroir cassé et tend le bras à l'extérieur pour continuer sa description.

Lévesque

Y é z'attachent.

Le concert de casseroles reprend.

Séquence 76

Sur l'échafaud, le bourreau finit d'attacher les pieds de De Lorimier. Il vérifie le lien des mains. Puis se penche vers les pieds du suivant, Narbonne. Il attache les pieds ensemble. Puis vérifie le lien de la main valide de Narbonne. Son moignon reste libre. Tout est prêt.

McDonald, tout près de lui, chuchote.

McDonald

Please say something... Please.

Après un temps :

De Lorimier

Aujourd'hui... j'ai plus peur... Tu comprends-tu ça?... *I'm not afraid anymore*... À partir de maintenant, ça va être à votre tour d'avoir peur... parce que vous allez récolter... un jour... ce que vous avez semé... *It's your turn.*

La foule est bruyante et anti-patriote. L'enfant de la séquence 1 se fraie un chemin à travers la foule. Il s'avance jusqu'au premier rang.

Le prêtre s'approche, son crucifix à la main. Il approche le crucifix des lèvres de Daunais. Au bord de l'évanouissement, les yeux paniqués, Amable baise le Corps du Christ.

Puis c'est au tour de Hindelang, qui décline l'invitation.

Après, Nicolas.

Ensuite, Thomas, très calme, qui baise le crucifix, très doucement.

Et enfin Narbonne.

Le tambour britannique roule. La foule anglaise, joyeuse, crie des insanités. L'enfant au premier rang ne manque rien. Sur l'échafaud, De Lorimier salue ses compagnons, très dignement.

Hindelang s'adresse à la foule.

Hindelang

Sur cet échafaud élevé par des mains anglaises, je meurs avec la conviction d'avoir rempli mon devoir.

Thomas sourit et approuve.

Hindelang

La sentence qui nous a condamnés est injuste. Puissent les coupables en porter la responsabilité.

Thomas approuve.

Hindelang

Adieu, je vous lègue la devise de la France : *Vive la liberté !*

Thomas approuve.

Et la première trappe s'ouvre. Amable Daunais disparaît.

L'enfant au premier rang reçoit le choc en plein cœur.

Dans la salle commune, on a suivi toute l'exécution grâce au miroir de Lévesque.

Lévesque

Ça y est...

Le vacarme s'arrête. Un soldat anglais fait sauter, à coups de marteau, les coins qui retiennent la deuxième trappe. Hindelang tombe. La foule hurle de plaisir.

L'enfant accuse le coup. Dumouchel serre les dents. Nouveaux coups de marteau. Nicolas tombe à son tour. L'enfant enregistre. La foule applaudit. Jacques Yelle serre les dents.

De Lorimier

Vive la liberté ! Vive l'indépendance !

Marteau. De Lorimier. Enfant. Alphonse Lécuyer prie. Marteau. Narbonne. Enfant.

Lévesque

Bâtard... Narbonne vient de se détacher...

Sur l'échafaud, Narbonne, pendu au bout de sa corde, vient d'attraper la corde avec sa seule main valide. Le lieutenant Elliott commande aux deux soldats de lui faire lâcher prise.

Officier

Hit him... Hit him. Com'on, finish him... Get it over with...

McDonald, comme saisi d'horreur, ne bouge pas. L'autre soldat, avec la crosse de sa carabine, tape sur la main de Narbonne. L'officier menace McDonald. McDonald se met à frapper lui aussi avec sa carabine. Narbonne lâche prise.

Dans un dernier sursaut, Narbonne s'agrippe de nouveau. Les deux soldats frappent à tour de bras. Narbonne lâche prise une deuxième fois. Il pend au bout de sa corde. Ses jambes plient. Ses talons remontent jusqu'aux fesses. Puis les jambes se détendent lentement, puis se raidissent. Les orteils pointent vers le sol comme celles des quatre autres.

Lévesque

C'est fini.

Les hommes dans la salle commune se relèvent lentement, sans un mot. On dirait qu'ils bougent au ralenti. Lewis Harkin ne s'est pas relevé. Il hurle. De peine, de rage, d'impuissance, il hurle. Simon Payeur sort son piccolo. Il joue le Requiem. *L'enfant au premier rang fixe la scène à jamais dans son cerveau.*